Lisa Jacobson

100 IDEEN, WIE DU DEM BESTEN MANN DER WELT GEBEN KANNST, WAS ER BRAUCHT

Über die Autorin

Lisa Jacobson lebt mit ihrem Mann Matthew Jacobson und ihren acht Kindern an der nördlichen Pazifikküste der USA. Als bekannte Autorin schreibt sie sowohl auf ihrem eigenen Blog Club31Women.com als auch für andere Internetseiten zu den Themen Ehe, Familie, Deko und Haushaltsführung. Ihr Mann und sie haben außerdem zusammen bereits mehrere Kinderbücher geschrieben.

Lisa Jacobson

100 IDEEN, WIE DU DEM BESTEN MANN DER WELT GEBEN KANNST, WAS ER BRAUCHT

Aus dem Amerikanischen
übersetzt von Sylvia Lutz.

GerthMedien

EINLEITUNG

Worte haben eine besondere Macht. Diesen Satz habe ich schon viele Male gehört und Sie vielleicht auch.

Worte können verletzen. Worte können aber auch heilen. Vermutlich haben Sie beides schon erlebt. Sie wissen, wie es ist, wenn bestimmte Aussagen über Sie gemacht werden und einige von ihnen werden Sie sicher nie vergessen.

Die Macht der Worte können aber nicht nur andere Menschen nutzen, auch Sie können Worte gezielt einsetzen. So haben Sie die unbeschreibliche Macht, Worte auszusprechen, die das Leben Ihres Mannes nachhaltig beeinflussen können. Mit ihnen geben Sie ihm das erstaunliche Geschenk der Liebe und können sogar sein Leben verändern.

Vielleicht sehnen Sie sich danach, Ihrem Mann dieses Geschenk zu machen, aber Sie sind unsicher, was Sie sagen sollen oder auf welche Weise Sie es sagen sollen. Womöglich sind Sie in einer Familie aufgewachsen, in der es nicht üblich war, *so* miteinander zu sprechen – liebevoll, wertschätzend und offen. Deshalb fühlen Sie sich vielleicht nicht wohl dabei.

Das kann ich sehr gut verstehen.

Ermutigende und bestätigende Worte gingen mir auch nicht immer leicht über die Lippen. Liebevolle Aussagen fielen mir schwerer, als ich es erwartet hätte. Aber irgendwann habe ich beschlossen, sie mir trotzdem anzugewöhnen, denn ich bin davon überzeugt, dass es meinem Mann guttut, sie zu hören.

Damals wusste ich noch nicht, dass diese Worte nicht nur sein, sondern auch mein Leben verändern würden. Er ist ein anderer Mensch geworden, und unsere Beziehung hat sich auch zum Positiven verändert. Unsere Ehe ist eindeutig besser geworden und das alles nur durch *Worte*.

Wenn Sie nicht wissen, was Sie sagen sollen, oder wenn Sie sich fragen, ob Ihre Worte wirklich etwas bewirken, möchte ich Sie ermutigen: Ihre Worte haben eine sehr große Wirkung. Lassen Sie sie nicht ungenutzt. Damit es Ihnen leichter fällt, die Macht der Worte zu nutzen, schlägt Ihnen dieses Buch 100 Möglichkeiten vor, wie Sie Ihrem Mann und Ihrer Ehe etwas Gutes tun können.

1

DAS JA ZU DIR
WAR DIE BESTE ENTSCHEIDUNG MEINES LEBENS.

Wir befanden uns irgendwo vor Mexiko auf einem großen, schönen Kreuzfahrtschiff, als mein Mann, ein unverbesserlicher Romantiker, vor mir niederkniete und mich bat, ihn zu heiraten. Zu diesem Zeitpunkt hatten wir bereits darüber gesprochen, dass wir irgendwann heiraten würden, weshalb es für mich eigentlich keine so große Überraschung hätte sein dürfen. Trotzdem flennte ich wie ein kleines Kind, als er vor mir kniete und mir einen funkelnden Diamantring hinhielt.

Meine Antwort auf diesem romantischen Antrag war ein eindeutiges und schnelles Ja.

Matt war bewusst, dass dies eine folgenschwere Entscheidung für mich war. Denn mit diesem Ja versprach ich, den Rest meines Lebens an seiner Seite zu verbringen, ohne dass einer von uns wusste, was die Zukunft bringen würde.

In den schwersten Zeiten unserer Ehe wurde deutlich, was es bedeutet, dass wir für immer zusammengehören und unser Leben gemeinsam bestreiten – in guten wie in schlechten Tagen, in Armut und in Reichtum, in Krankheit und in Gesundheit. Darauf kommt es letztendlich an, nicht wahr? Dass wir es *gemeinsam* anpacken.

Versichern Sie Ihrem Mann hin und wieder, wie froh Sie sind, dass Sie ihn geheiratet haben. Dass das Ja zu ihm die beste Entscheidung Ihres Lebens war.

2

DU BIST WIRKLICH SEHR ATTRAKTIV.

Ich weiß nicht mehr, was mich zu dieser Bemerkung veranlasste. Es war ein gewöhnlicher Tag, wir waren beide zu Hause und erledigten keine besonderen Arbeiten. Als er im Wohnzimmer an meinem Stuhl vorbeiging, konnte ich mir die Bemerkung nicht verkneifen und sagte: „Du bist wirklich sehr attraktiv."

Ich bin nicht sicher, was für eine Reaktion ich erwartete, wahrscheinlich maximal ein Lächeln. Doch zu meinem Erstaunen blieb er abrupt stehen und kam zu mir zurück. Dann bat er mich, das, was ich soeben gesagt hatte, zu wiederholen.

„Ähm? Du bist wirklich sehr attraktiv. Das war nur eine Feststellung, Schatz."

Er ist keineswegs der Typ, der auf Komplimente aus ist. Deshalb war mir nicht klar, was in diesem Moment in seinem Kopf vorging.

Dann erzählte er mir eine Geschichte aus seiner Kindheit, die ich bis dahin nicht gehört hatte: Als er ungefähr elf oder zwölf gewesen war, hatte er sich für so hässlich gehalten, dass er alle Familienalben durchgeblättert und jedes Bild, das er von sich finden konnte, herausgerissen hatte. So kam es, dass in den alten Familienalben zwar jede Menge Fotos waren, die seine Familie beim Angeln oder Campen zeigen, jedoch alle außer ihm zu sehen waren. Denn an der Stelle, an der er hätte stehen sollen, war immer ein Loch. Buchstäblich auf jedem Foto.

Mir wurde regelrecht übel, als ich das hörte. Wie hatte ein attraktiver Junge wie er auf die Idee kommen können, er wäre hässlich? Und zwar so hässlich, dass er sich die Mühe gemacht hatte, alle Erinnerungen an sein Aussehen zu entfernen?

Ich bin mit einem Mann verheiratet, der wirklich sehr gut aussieht. Deshalb bin ich natürlich davon ausgegangen, dass er wusste, wie attraktiv er ist. Wie hätte ich da ahnen können, dass er sich selbst nicht so sah?

Die Bemerkung, dass er attraktiv ist, war für mich nur eine selbstverständliche Feststellung. Doch für ihn war sie keineswegs selbstverständlich. Umso wichtiger war es für ihn, diese Worte zu hören – besonders von seiner Frau.

3

DEINE KÜSSE SIND
EINFACH UMWERFEND.

Unseren ersten Kuss werde ich nie vergessen. Wir waren auf einen reich bewaldeten Berg hinaufgewandert und genossen von dort den Ausblick auf eine idyllische Lichtung. Abgesehen von ein paar Rehen, die leichtfüßig über die Lichtung sprangen, waren Matt und ich alleine. Es war wie bei Dreharbeiten zu einem Liebesfilm vor einer einmalig inszenierten Kulisse.

Wir standen nebeneinander, und ich ahnte, dass er überlegte, mich zu küssen. Ich signalisiert ihm, dass ich nur allzu gerne dazu bereit war, und wartete darauf, dass er sich zu mir hinunterbeugen würde. Dabei schloss ich in Erwartung eines filmreifen Kusses meine Augen.

Aber es kam anders als in einem Liebesfilm, denn unsere Lippen berührten sich nicht, sondernd stattdessen prallten unsere Zähne klirrend aufeinander. Der peinlichste erste Kuss der Welt. Wir mussten beide herzhaft lachen.

Gott sei Dank war das nur der erste Kuss von vielen, und ich kann ehrlich bestätigen: Übung macht den Meister. Mittlerweile küsst mein Mann unbeschreiblich gut, und das sage ich ihm auch oft.

Ihr Mann hört bestimmt ebenso gerne, dass Sie seine Küsse genießen.

4

ES GIBT FÜR MICH KEINEN SCHÖNEREN ORT AUF DER WELT ALS IN DEINEN ARMEN.

Ich erinnere mich noch gut an den Abend, an dem ich meinen Mann das erste Mal traf. Es war eine Art Blind Date auf einer Party bei Freunden. Wir wussten beide, dass diese Freunde hofften, wir würden uns gut verstehen, und wahrscheinlich hofften wir beide das am meisten. Denn wir waren schon ein wenig älter und suchten bereits eine gefühlte Ewigkeit nach dem richtigen Partner.

Als ich an diesem Abend neben Matt auf der Couch saß und wir uns miteinander unterhielten, als wären wir alte Freunde und nicht neue, nervöse Bekannte, ertappte ich mich dabei, dass ich seine großen, starken Arme ansah und mir wünschte, sie würden mich festhalten. Das wäre natürlich ein wenig sonderbar gewesen, da wir uns erst seit wenigen Minuten kannten.

Damals konnte ich nicht ahnen, wie oft mich diese starken Arme festhalten würden – und unter welchen Umständen. Sie hielten mich, als ich vor Sorge fast krank war. Sie hielten mich, als ich nicht aufhören konnte zu weinen. Sie hielten mich an einem warmen Sommerabend, an dem Worte überflüssig waren. Sie halten mich, weil er mich liebt und weil mein Platz in seinen Armen ist – mein Lieblingsplatz.

Wie ist es bei Ihnen? Genießen Sie es, wenn Ihr Mann die Arme schützend um Sie legt? Wenn er Sie festhält? Fühlen Sie sich in seinen Armen geborgen und geliebt? Sagen Sie ihm, wie Sie sich fühlen. Erklären Sie ihm, dass Sie nirgendwo lieber sind als in seinen Armen.

5

DU BIST SO HÖFLICH UND ZUVORKOMMEND.

Er hält Ihnen die Tür auf und lässt Ihnen höflich den Vortritt. Solche Gesten betrachten manche vielleicht als altmodisch, aber Rücksichtnahme und Höflichkeit sind zeitlos und kommen niemals aus der Mode. Rücksichtnahme bedeutet, die Interessen von anderen vor die eigenen zu stellen. Das ist immer eine gute Einstellung.

Neulich waren wir in einem Restaurant. Als wir aufbrachen, half mir Matt in meine Jacke. Wir waren in unser Gespräch vertieft, als er mir die Jacke über die Schultern legte, deshalb fiel mir gar nicht auf, dass andere Gäste uns dabei fasziniert beobachteten. Offenbar war das heute nicht mehr gang und gäbe, wenigstens nicht mehr oft.

Eine junge Frau trat auf uns zu und bemerkte: „Das ist faszinierend. Es ist so schön, was Ihr Mann für Sie tut."

Wenn Ihr Mann auch so zuvorkommend ist, sollten Sie ihm sagen, wie dankbar Sie dafür sind, dass Sie mit einem so aufmerksamen und zuvorkommenden Mann verheiratet sind.

6

MIT DIR WÜRDE ICH ÜBERALLHIN GEHEN.

Wir holen unsere Milch immer von einem Bauernhof in der Nähe. *In der Nähe* bedeutet, dass wir 25 Minuten quer durch die Stadt fahren müssen. Der Bauernhof gehört Freunden von uns, die extra für uns einen Teil ihrer frischen Milch in mehrere Glasflaschen mit einem „J" für Jacobson füllen. Wir brauchen nur dorthin zu fahren und die Flaschen einzuladen. Das tun wir seit vielen Jahren.

Das Milchholen ist keine große Sache und es genügt eigentlich, wenn einer fährt. Aber wenn ich meinen Mann die leeren Milchflaschen ins Auto laden sehe und nicht gerade unabkömmlich bin, biete ich immer an, ihn zu begleiten.

Ich rufe dann: „Warte! Ich komme mit!"

Er schüttelt daraufhin meist den Kopf und sagt: „Du hast bestimmt etwas Besseres zu tun."

Aber ich kann eigentlich gar nichts Besseres zu tun haben. Ich würde mit ihm überallhin gehen. Solange wir zusammen sind, ist für mich alles gut.

Weiß Ihr Mann, dass Sie nirgends lieber sind als bei ihm? Sagen Sie es ihm. Milchholen, Supermarkt, Baumarkt – egal! Hauptsache, Sie sind zusammen!

7

DU BIST
MEIN BESCHÜTZER.

Er nannte sich John Smith, aber ich bezweifle, dass das sein richtiger Name war. Er war erst vor kurzem aus dem Gefängnis entlassen worden und schien sich sehr für mich zu interessieren. Also begann er, mich anzurufen, und mit jedem Anruf verringerte er seinen Abstand zu mir. Er fuhr quer durchs Land und rückte immer näher.

Schließlich griffen wir selbst zum Telefon und riefen bei der Polizei an, um meinen Stalker anzuzeigen. Aber die Polizei teilte uns mit, dass sie leider nichts unternehmen könne – wenigstens nicht, solange es nicht bereits zu spät war. Doch sie meinten, dass mein Mann etwas unternehmen könnte.

„Verstehe", lautete seine Antwort.

Das war der beängstigendste Moment meines Lebens.

Als Mr Smith das nächste Mal anrief, nahm Matt mir das Telefon aus der Hand und stellte klar, dass er nur über seine Leiche an mich herankäme.

Wie sich herausstellte, war mein Stalker ein Feigling, der es nur auf wehrlose Opfer abgesehen hatte. Und somit schied ich für ihn aus. Wir haben seitdem nie wieder etwas von ihm gehört.

Mein Mann hat mich mit seinem Leben beschützt.

Ihr Mann würde Sie bestimmt ebenso beschützen.

8

WENN DU JEMANDEN BRAUCHST, DER DIR ZUHÖRT, BIN ICH DA.

Ich bin in unserer Beziehung meistens diejenige, die viel redet. Das weiß mein Mann. Gott sei Dank stört ihn das nicht. Wenn wir zu einer längeren Fahrt ins Auto steigen, setzt er sich ans Steuer, und noch bevor wir auf die Straße einbiegen, fordert er mich auf: „Okay, Schatz, fang an zu erzählen."

Das lasse ich mir nicht zweimal sagen.

Es ist mein Stichwort, dass ich anfangen darf, mir alles von der Seele zu reden: was mich beschäftigt, was mir Sorgen bereitet, was mich freut – alles. Er fährt und ich rede.

Eines Tages entschied ich mich für ein längst überfälliges Experiment. Was wäre, wenn ich nicht so viel redete? Wenn ich einfach einmal still wäre? Nicht, weil mir die Luft ausging, sondern um ihm zu signalisieren: „Wenn du etwas auf dem Herzen hast, höre ich dir zu."

Nach einigen schweigenden Minuten begann er tatsächlich, mir Dinge anzuvertrauen, die ich bis dahin nicht gewusst hatte. Er erzählte von heimlichen Träumen, von denen ich keine Ahnung gehabt hatte, von Lasten, die er schweigend mit sich herumtrug. Er brauchte nur jemanden, der ihm zuhörte. Seit jenem Tag bin ich fest entschlossen, dieser Jemand zu sein.

Vielleicht tut es Ihrem Mann auch gut zu wissen, dass Sie ihm gerne zuhören und dass Sie wissen wollen, was ihm auf der Seele brennt oder ihn belastet. Zeigen Sie ihm, dass Sie für ihn da sind.

VIELEN DANK,
DASS DU DAS REPARIERT HAST.

Es begann mit einem leichten Tröpfeln und stellte anfangs kaum ein Problem dar, denn wir fanden heraus, dass das Tropfen aufhörte, wenn wir den Wasserhahn in der Küche fester zudrehten. Aber nach einer Weile lief immer mehr Wasser weg. Es machte mich fast wahnsinnig, dass ich den Wasserhahn nicht mehr richtig zudrehen konnte.

Ich musste mich jedoch nicht lange mit diesem Problem herumschlagen: Als ich eines Nachmittags nach Hause kam, steckte der Kopf meines Mannes unter der Küchenspüle. Er baute einen neuen Wasserhahn ein. Das war ein herrlicher Anblick. Er hatte diese Arbeit bald erledigt, und sie brachte eine spürbare Verbesserung.

Nehmen Sie es nicht als selbstverständlich hin, dass Ihr Mann Dinge, die in Ihrem Haus kaputt sind, repariert und Probleme löst. Zeigen Sie Ihrem attraktiven Handwerker Ihren Dank.

10

ICH BIN SO FROH, DASS WIR UNSERE TAGE GEMEINSAM VERBRINGEN.

Ehrlich gesagt, kann das Eheleben manchmal ziemlich trivial sein: Man trifft einfach die nächsten notwendigen Entscheidungen und klärt, wer wann wo sein muss.

„Soll ich einkaufen fahren und du holst die Jungs vom Basketballtraining ab?"

„An welchem Abend kommen die Müllers zum Essen?"

„Bist du dazu gekommen, die Stromrechnung zu überweisen?"

Ich habe schätzen gelernt, was für eine Freude es ist, einfach gemeinsam das Alltagsleben zu bestreiten. Er und ich Seite an Seite.

Das ist schöner, als Sie vielleicht glauben. Sagen Sie deshalb Ihrem Mann, dass Sie es auch an ganz normalen Tagen genießen, ihn an Ihrer Seite zu wissen.

11

WENN DU MIR ZUHÖRST, FÜHLE ICH MICH UNBESCHREIBLICH GELIEBT.

Mein Mann und ich unternehmen gerne Ausflüge aufs Land. Dazu brauchen wir kein festes Ziel; es macht uns einfach Spaß, die Gegend zu erkunden. Wir packen ein kleines Picknick ein und sind gespannt, wohin der Weg uns führt.

Wenn Matt den Motor anlässt und die Hände aufs Lenkrad legt, ist das mein Stichwort, dass ich anfangen kann zu erzählen. Ich genieße diese Fahrten, weil ich dann seine ungeteilte Aufmerksamkeit habe und ihm schildern kann, was ich denke und was mir Sorgen bereitet. Manchmal müssen wir gemeinsam ein Problem klären, an anderen Tagen suche ich einfach nur seinen Rat.

Meistens tut es unbeschreiblich gut, dass er mir zuhört. Das war ihm zwar nicht immer klar, aber im Laufe der Jahre hat er es verstanden. Dafür bin ich dankbar und das sage ich ihm auch.

Ist Ihr Mann auch ein guter Zuhörer? Dann sagen Sie ihm, wie wichtig das für Sie ist.

12

DU BIST MEIN HELD.

Ich bin mit einem echten Superhelden verheiratet, aber nicht im Stil von *Superman*. Er ist eher ein Alltagsheld – ein normaler, fleißiger, ehrlicher Held. Er kümmert sich um seine Frau und seine Kinder. Er setzt sich für das ein, was richtig ist, und er hat einen Blick für Menschen in Not. Und vor allen Dingen fragt er nach Gottes Willen.

Wenn Sie mich fragen, sind solche Männer die größten Helden.

Wahrscheinlich haben Sie auch so einen Helden geheiratet. Er tut einfach, was zu tun ist, und niemand sieht ihm an, dass er in Wirklichkeit ein getarnter Superheld ist.

Wahrscheinlich ahnt er es nicht einmal, aber Sie sehen es klar und deutlich.

Es ist an der Zeit, seine Tarnung aufzudecken. Verraten Sie ihm, dass er Ihr Held ist.

13

ES IST SO HERRLICH, DICH ZU BERÜHREN.

Ich sage Ihnen: Berührung wirkt Wunder. Gehen Sie zu Ihrem Mann und streicheln Sie ihn zärtlich. Massieren Sie seinen Nacken, lehnen Sie sich an ihn oder legen Sie sich still auf seinen Arm.

Manchmal berühre ich meinen Mann sanft, wenn wir mitten in einem ungelösten Problem stecken oder wenn es Spannungen zwischen uns gibt. Allein diese Berührung kann dann diese Spannung vertreiben. Erst gestern habe ich ein älteres Ehepaar gesehen – sie müssen über 90 gewesen sein –, das Arm in Arm den Gehweg entlangging. Dieser Anblick war so schön, dass ich fast von der Fahrbahn abgekommen wäre.

Berühren Sie Ihren Mann. Sagen Sie ihm, wie gern Sie ihn berühren. Verlieben Sie sich immer wieder aufs Neue in ihn.

14

OHNE DEINE HILFE WÄRE ICH AUFGESCHMISSEN.

Ein einziger Blick genügte, und Matt wusste, dass ich mich unter Druck fühlte, da an diesem Tag sehr viel zu tun war.

Er reichte mir eine Tasse Kaffee und forderte mich auf: „Okay, schieß los. Was steht heute alles auf deiner To-do-Liste?“

Ich wusste kaum, wo ich anfangen sollte. An diesem Tag stand so viel an. Zu einem bestimmten Zeitpunkt hätte ich sogar an zwei Orten gleichzeitig sein müssen.

Als ich ihm meine lange Liste aufgezählt hatte, half er mir zu erkennen, welche Punkte ich streichen oder verschieben konnte. Wahrscheinlich war ich so betriebsblind, dass mir ein klarer, objektiver Blick fehlte. Anschließend bot er an, die Kinder am Nachmittag abzuholen. Damit verschaffte er mir unglaublich viel Luft, und plötzlich war ich nicht mehr so sehr unter Zeitdruck.

Zum Schluss, und das war der Höhepunkt, schlug er vor, dass er auf dem Heimweg zum Supermarkt fahren und einkaufen könnte. Damit nahm er mir eine riesengroße Last von den Schultern!

Ich bezweifle, dass ihm bewusst war, wie befreiend das für mich war. Er hat mir einfach unter die Arme gegriffen, als er sah, dass mir alles zu viel wurde.

Vielleicht holt Ihr Mann nicht die Kinder ab oder geht einkaufen, aber er hat ganz bestimmt andere Gaben, mit denen er Ihnen Luft verschafft und Sie rettet. Zeigen Sie ihm, wie dankbar Sie ihm für seine Hilfe sind.

15

ICH HABE ECHTE HOCHACHTUNG VOR DIR.

Ich hatte nicht geplant, es zu sagen. Klar, ich hatte es schon tausendmal gedacht, aber aus irgendeinem Grund war mir dieses wichtige Wort – *Hochachtung* – nie über die Lippen gekommen. Doch an diesem Tag konnte ich nicht anders.

Matt war gerade damit beschäftigt, einem Ehepaar in einer vertrackten Situation zu helfen. Ich bekam es mit und hielt gespannt den Atem an, wie die Sache ausgehen würde, denn ich wusste, wie explosiv beide Partner reagieren konnten, wenn sie aufgeregt waren oder etwas nicht nach ihrem Willen lief.

Und in dieser Situation waren sie aufgeregt und es lief nicht nach ihrem Willen. Aber Matt blieb ruhig – viel ruhiger, als ich es gekonnt hätte. Seine Worte waren freundlich, aber trotzdem unmissverständlich.

Ich beobachtete sein Verhalten mit enormer Bewunderung und stellte fest, dass ich große Hochachtung für ihn empfand. Nicht nur Liebe, sondern ehrliche Hochachtung.

Das sagte ich ihm dann später, nachdem das Ehepaar gegangen war: „Ich habe große Hochachtung vor dir."

Sie hätten einmal sein Gesicht sehen sollen! Er strahlte, als hätte er in der Lotterie gewonnen. Dabei hatte ihm lediglich seine Frau ihre Hochachtung ausgesprochen.

Auch für Ihren Mann ist es wichtig zu hören, wie sehr Sie ihn achten. Begnügen Sie sich nicht damit, es nur zu denken. Sprechen Sie es auch aus.

16

DANKE
FÜR DIE VIELE ARBEIT, DIE DU LEISTEST.

Ich gebe es zu: Ich neige dazu, mehr meine eigene Arbeit zu sehen als auf Matts. Ich könnte Ihnen, ohne lange nachzudenken, eine Liste mit allem, was ich für unsere Familie mache, herunterrattern: kochen, putzen, Hausaufgabenbetreuung, einkaufen, freiberufliche Tätigkeit, Arbeit vom frühen Morgen bis zum späten Abend.

Ich kann mich so sehr auf meine eigene Arbeit konzentrieren, dass mir gar nicht auffällt, wie viel Arbeit mein Mann für unsere Familie leistet, und dass ich ihm viel zu wenig dafür danke. Er erfüllt nicht nur treu die Arbeit in seinem Beruf, sondern erledigt auch viele Arbeiten in unserem Haus und Garten. Er kümmert sich um vieles, an das ich nicht einmal denke.

Welcher Mann freut sich nicht, wenn seine Anstrengungen gewürdigt werden? Das heißt nicht, dass Sie viel Tamtam darum machen müssen, aber ein wenig Dankbarkeit und Anerkennung tun jedem Menschen gut.

DU VERSORGST UNS SO GUT.

Ich kannte einmal eine Frau, die in ihrer Ehe unglücklich war. Weil wir ihren Mann eigentlich ganz nett fanden, konnten wir den Grund für ihre Klagen nicht so recht verstehen. Anscheinend erfüllte er einfach in einigen Bereichen nicht ihre Erwartungen. Angeblich arbeitete er zu viel und sprach nicht genug mit ihr. Andererseits wohnten sie in einem luxuriösen Haus und er überschüttete sie mit teuren Geschenken und unternahm fantastische Reisen mit ihr.

Aber letzteres schien sie irgendwie nicht zu sehen oder zu würdigen.

Als dieses Paar zu einem Eheberatungstermin mit Matt und mir kam, baten wir die Frau, eine Sache zu nennen, die sie an ihrem Mann besonders schätzte. Sie schien mit dieser Aufgabe überfordert zu sein und konnte nicht darauf antworten.

Schließlich konnte ich nicht länger an mich halten. Ich deutete auf das luxuriöse Haus, in dem wir saßen, und fragte: „Was ist damit? Zählt das denn nicht? Ihr Mann versorgt Sie so gut, dass es Ihnen an nichts fehlt. Vielleicht ist das nicht alles, aber es ist definitiv nicht nichts."

Daraufhin schwieg sie eine ganze Minute. Dann blickte sie sich langsam um, als nähme sie das Haus zum ersten Mal richtig wahr, und nickte: „Ja, er versorgt mich sehr gut."

Sie hätten das Gesicht ihres Mannes sehen müssen. Ich rechnete fast damit, dass er gleich zu weinen anfangen würde. Es bedeutete ihm so viel, dass sie es endlich einmal wahrnahm.

Im Leben geht es zwar um mehr als um materielle Dinge und Geld, aber wenn Ihr Mann gut für Sie sorgt, sollten Sie ihm dafür danken.

ICH GENIEẞE ES,
MIT DIR ZUSAMMEN ZU SEIN.

Ich dachte mir nicht viel dabei, als ich diesen Satz zum ersten Mal sagte. Natürlich habe ich meine Worte ehrlich gemeint, aber eigentlich waren wir währenddessen nur unterwegs, um Besorgungen zu erledigen. Seine Reaktion verriet, dass meine Aussage für ihn viel wichtiger war, als ich geahnt hatte.

Also fragte ich nach: „Warum? Warum bedeutet es dir so viel, wenn ich sage, dass ich gerne mit dir zusammen bin?"

Da erzählte er mir, dass er als kleiner Junge nie das Gefühl gehabt hatte, dass ihn sein Vater in seiner Nähe haben wollte. Er fühlte sich abgelehnt und ungewollt. Zu hören, dass ich gerne mit ihm zusammen war, hatte viel mehr Gewicht, als ich ahnen konnte.

Versichern Sie Ihrem Mann, dass Sie gerne mit ihm zusammen sind. Vielleicht bedeuten ihm solche Worte mehr, als Sie ahnen.

DU BIST SO KLUG.

Mein Mann und ich haben einen Freund, der sich sehr gut mit Autos auskennt. Das wenige, das er nicht weiß, bringt er sich ohne Mühe selbst bei. Mein Mann gibt gerne zu, dass er es nicht so sehr mit Autos hat. Wenigstens nicht, was das Reparieren angeht.

Aber wollen Sie etwas über historische Begebenheiten wissen oder über Archäologie? Sie können Matt fragen, wahrscheinlich weiß er die Antwort. Auf diesen Gebieten kennt er sich bestens aus.

Beide Männer sind klug – sehr klug – nur eben in verschiedenen Bereichen.

Manchmal fallen uns die Gaben oder die Intelligenz eines anderen sehr schnell auf, aber wir versäumen es, ausgerechnet dem Mann, mit dem wir verheiratet sind, zu bestätigen, wie klug er ist. Vielleicht können Sie, ohne nachzudenken, aufzählen, in welchen Bereichen Ihr Mann besonders begabt ist, womöglich müssen Sie aber auch erst ein wenig überlegen. Aber sagen Sie ihm unbedingt, wie klug er ist. Seien Sie dabei so konkret wie möglich.

20

ICH HABE HEUTE FÜR DICH GEBETET.

Als junge Frau und Mutter kreiste ich ziemlich stark um die Dinge, die mich tagtäglich beschäftigten – die Herausforderungen durch die Kinder, das ständige Chaos im Haus und die schlaflosen Nächte. Ich gebe es nur ungern zu, aber ich ging so sehr in meinen eigenen Sorgen auf, dass ich mir nicht viel Zeit nahm, um über Matts Sorgen nachzudenken.

Jetzt bin ich älter und habe einen klareren Blick für die Lasten, die auf seinen breiten Schultern liegen: seine Sorgen um mich und die Kinder, die Versorgung seiner Eltern, die Nöte in der Gemeinde und in seinem Dienst. Sorgen, über die er selten spricht, die ihn aber trotzdem schwer belasten.

Deshalb liege ich oft in den frühen Morgenstunden wach und bete leidenschaftlich für ihn.

Ich hoffe, Sie beten auch für Ihren Mann. Manchmal können Sie für ihn nichts Liebevolleres tun, als ihn wissen zu lassen, dass Sie für ihn beten.

DU HAST EINE SEHR FREUNDLICHE ART.

Dieses Lob klingt ziemlich höflich, nicht wahr? Wie etwas, das Sie der Person sagen, die Sie in der Schlange an der Kasse vorlässt. Ist es nicht komisch, dass wir zu einem Fremden, der zufällig neben uns steht, so großzügig sein können, aber wenn es um die Männer geht, mit denen wir verheiratet sind, vergessen wir solche einfachen Höflichkeiten?

Warum setzen Sie sich nicht zum Ziel, zu Ihrem Mann mindestens genauso höflich zu sein, wie Sie es einem völlig Fremden gegenüber wären? Nehmen Sie wahr, wenn er etwas Nettes tut, und danken Sie ihm auch dafür.

DU BIST
SO STARK.

„Herr, gib mir Kraft.“

Ich höre meinen Mann dieses Gebet fast jeden Tag flüstern, wenn er unsere Tochter aus ihrem Rollstuhl hebt. Sie ist kein kleines Kind mehr und ist darauf angewiesen, dass er sie hin und wieder hochhebt und trägt. Wir alle brauchen seine Stärke, und er sagt dazu, dass das seine Verantwortung sei und es ihm eine Ehre wäre.

Aus diesem Grund betet er um Kraft und geht fast jeden Morgen mit unseren Söhnen ins Fitnessstudio. Er steht auf, lange bevor alle anderen wach sind, damit er rechtzeitig zum Familienfrühstück zurück sein kann, einfach weil er fest entschlossen ist, stark zu werden und stark zu bleiben. Das alles macht er weniger um seiner selbst willen, als vielmehr um unserer Tochter willen, die auf seine Hilfe angewiesen ist.

Er ist stark, und dafür bin ich unendlich dankbar.

23

ICH BEWUNDERE DEINE CHARAKTERSTÄRKE.

Ich bewundere nicht nur die körperliche Stärke meines Mannes, sondern auch seine Charakterstärke.

Dabei bin ich dankbar, dass er auch in heiklen Situationen stark bleibt und dass er nicht bereit ist, Kompromisse einzugehen, selbst wenn er dadurch Nachteile in Kauf nehmen muss. Wie zum Beispiel neulich, als er einen Fehler bei unserer Steuererklärung entdeckte, der mehrere tausend Dollar Steuernachzahlung für uns bedeutete. Wir hatten unsere Steuererklärung bereits eingereicht, deshalb war es schwierig, den Fehler noch zu korrigieren und man hätte es einfach dabei belassen können. Doch mein Mann nahm einige Unannehmlichkeiten auf sich, um letztlich eine reine Weste zu haben.

Wir können diese Stärke als selbstverständlich hinnehmen, aber sie wird in unserer Welt immer seltener. Bewundern Sie also die Charakterstärke Ihres Mannes.

24

DIE ZEITEN, IN DENEN WIR MITEINANDER WEINEN, SIND FÜR MICH SEHR KOSTBAR.

Schade, dass Sie meine Schwiegermutter nicht gekannt haben. Sie hätten Sie erleben müssen, bevor sie an Alzheimer erkrankte, denn Sie hätten sie mit Sicherheit geliebt. Sie war eine starke Frau und auf ihre ganz persönliche Art sehr fürsorglich. Außerdem war sie die loyalste Person, die ich je gekannt habe. Wir waren nicht immer einer Meinung, aber sie war leidenschaftlich treu, und das liebte ich sehr an ihr.

Matts Eltern wohnten über 20 Jahre bei uns im Haus. Deshalb kümmerten wir uns in ihren letzten Lebensjahren, in denen meine Schwiegermutter immer mehr von Alzheimer gezeichnet war, um sie. Wir suchten die Gegend ab, wenn sie ausgebüxt war, wir beruhigten sie, wenn sie beunruhigt war, wir hielten ihre Hand, wenn sie verwirrt war, was leider sehr oft der Fall war.

Eines Abends hörten wir ihre Stimme vor unserem Schlafzimmerfenster. Es war Winter und mitten in der Nacht. Mama war draußen im Garten und kannte sich nicht mehr aus. Also eilten wir hinaus, und von der Veranda aus schaute ich zu, wie Matt seine Jacke um ihren fast nackten, zitternden Körper legte. Er hob sie auf seine Arme, als wäre sie ein Kind, und brachte sie wieder in ihr Bett.

Ich wartete, bis er in unser Schlafzimmer zurückkam. Keiner von uns sprach ein Wort. Was hätten wir auch sagen sollen? Als ich ihn aber anschaute, sah ich Tränen in seinen Augen, und dann begannen wir beide zu schluchzen.

Manchmal gibt es einen Kummer, den Sie nur zu zweit tragen können.

25

ICH SEHE, WIE SEHR DU MICH LIEBST.

Irgendwie unglaublich, dass wir auch nach so vielen Ehejahren immer noch solche Augenblicke erleben. Augenblicke, in denen man seinen Partner ansieht und beim besten Willen nicht versteht, was in ihm vorgeht.

Was ich Ihnen nun erzähle, war einer dieser Augenblicke: Matt war fast eine ganze Woche fort gewesen, und ich konnte es nicht erwarten, dass er nach Hause kommt und mich in die Arme nimmt. Also wartete ich auf einen Begrüßungskuss, während er jedoch gleich nach seiner Ankunft den Schneepflug aus der Garage holte.

In diesem Moment war es wichtig, objektiv zu bleiben und mich zu fragen, was in ihm vorging. Er war fort gewesen, und er dachte an nichts anderes, als unsere Zufahrt freizuräumen, damit wir nicht eingeschneit würden.

Zwei unterschiedliche Vorstellungen von Liebe.

Mann. Frau.

Falls Sie in Ihrer Ehe auch schon solche Augenblicke erlebt haben, rate ich Ihnen: Versuchen Sie, objektiv zu analysieren, was seine tiefere Motivation ist. Selbst wenn er sich nicht an das *Drehbuch* hält, ist das, was er tut, ein Ausdruck seiner Liebe. Schätzen Sie die vielen Augenblicke, in denen er Ihnen seine Liebe zeigt, auch wenn Sie selbst vielleicht andere Vorstellungen haben.

WENN DU MICH FESTHÄLTST,
FÜHLE ICH MICH GEBORGEN.

Ich kann nicht gut schlafen. Es ist nicht ungewöhnlich, dass ich mitten in der Nacht aufwache und dann stundenlang wach liege. In diesen Zeiten kreisen meine Gedanken und meine Ängste und Sorgen, die ich im Laufe des Tages verdrängt habe, treten an die Oberfläche und lassen mir keine Ruhe. Mir ist bewusst, dass ich meine Sorgen im Gebet bei Gott abladen kann (siehe Philipperbrief 4,6) und dass ich über die Verse nachsinnen sollte, die mir deutlich machen, dass nichts passiert, was Gott nicht mitbekommt.

Trotzdem finde ich keinen Schlaf, starre an die Zimmerdecke hinauf und habe Mühe, meine Sorgen abzuwehren.

Irgendwann stupse ich dann meinen armen schlafenden Mann an, und ohne dass ich ein Wort sagen muss, weiß er, was los ist. Er legt seine Arme um mich und hält mich fest. Diese einfache Geste beruhigt meinen Körper und meine Seele, denn wenn er mich in seinen starken Armen festhält, fühle ich mich geborgen.

Vielleicht ist es für ihn keine große Sache, aber mir bedeutet es sehr viel. Das sage ich ihm dann auch. Falls es Ihnen genauso geht, sollten Sie Ihrem Mann erklären, wie gut es Ihnen tut, wenn er Sie festhält.

27

ICH MAG DICH.

Wir wissen alle, wie wichtig es ist, unseren Männern zu erklären, dass wir sie lieben. Aber wissen Sie, was Sie Ihrem Mann auch unbedingt sagen sollten? Versichern Sie ihm, dass Sie ihn sehr mögen. Dass Sie gern mit ihm zusammen sind. Dass Sie begeistert sind, wie Gott ihn geschaffen hat. Dass Sie ihn so mögen, wie er ist.

Es kann leicht passieren, dass sich Ihr Mann einredet, Sie würden sich verpflichtet fühlen, ihn zu lieben, da Sie mit ihm verheiratet sind. Aber *mögen*? Wenn Sie ihm aber sagen, dass Sie ihn mögen, kann das sogar eine noch stärkere Aussage für ihn sein, als dass Sie ihn lieben.

So viele Männer hatten in ihrer Kindheit und Jugend das Gefühl, niemand würde sie *mögen*. Vielleicht leiden sie sogar als Erwachsene noch unter negativen Erlebnissen aus ihrer Kindheit. Manche sprechen darüber, manche aber auch nicht und viele Männer gestehen es sich womöglich nicht einmal selbst ein.

Mein Mann hat mir erzählt, dass er als Kind das Gefühl hatte, niemand würde ihn besonders mögen. Es macht mich unbeschreiblich traurig, dass er als Junge nicht das Gefühl hatte, dass andere Menschen einschließlich seiner Familie gerne mit ihm zusammen waren.

Anfangs dachte ich, mein Mann wäre vielleicht ein Einzelfall. Aber jedes Mal, wenn er diese Geschichte erzählt, stellt er fest, dass viele Männer ähnliche Erfahrungen gemacht haben. Viele leiden immer noch darunter.

Egal, wie alt Ihr Mann ist, es tut ihm gut zu wissen, dass man ihn mag. Dass *Sie* ihn mögen.

ES TUT MIR GUT,
WENN DU MICH ZUM LACHEN BRINGST.

Vor einiger Zeit habe ich unsere älteren Kinder gefragt, woran sie sich aus der Zeit ihrer Kindheit gerne erinnern. Sie zählten unter anderem auf, dass es für sie schön war, mich spät abends lachen zu hören. Das kommt daher, dass mein Mann abends oft besonders lustig ist. Seine besten Witze oder albernsten Momente hebt er sich stets für den Zeitpunkt auf, an dem wir schlafen gehen.

Nicht jedem ist bewusst, dass mein Mann einen köstlichen Sinn für Humor hat. Vielmehr würden ihn diejenigen, die ihn nicht gut kennen, wahrscheinlich als ernst einstufen. Diese Leute haben keine Ahnung, wie lustig es mit ihm sein kann. Denn er ist ein regelrechter Komiker.

Wie ist das bei Ihrem Mann? Bringt er Sie zum Lachen? Vielleicht ist er häufig lustig, vielleicht hebt er sich seinen Humor aber auch nur für Sie auf. Sie sollten ihm unbedingt sagen, wie sehr Sie seinen Sinn für Humor genießen.

29

DANKE FÜR DAS WUNDERBARE DATE!

Zu zweit ausgehen. Fast jede Frau in meinem Bekanntenkreis wünscht sich hin und wieder ein Date mit ihrem Mann.

Ich habe es mir zur Angewohnheit gemacht, fast alle *Ausflüge* mit meinem Mann als Date sehen. Wenn das Hundefutter ausgeht, schlage ich vor, dass ich mit ihm zur Zoohandlung fahre, und springe mit ihm ins Auto.

Auf dem Heimweg bedanke ich mich dann: „Danke für das Date! Es war schön mit dir."

Als ich das erste Mal so reagierte, glaubte er, ich würde einen Witz machen, doch dann merkte er, dass es mir ernst war. Er erkannte, dass er mich nicht unbedingt in ein vornehmes Restaurant einladen muss – obwohl das natürlich auch schön ist –, sondern dass es mir vor allem darauf ankommt, mit ihm zusammen zu sein. Und dass ich dafür dankbar bin.

Es ist Ihnen vielleicht nicht bewusst, aber die meisten Männer zögern, ihre Frau einzuladen, weil sie glauben, sie könnten es ihr sowieso nicht recht machen. Auch wenn Sie das vielleicht nicht glauben: So ist es tatsächlich.

Wenn Ihr Mann mit Ihnen etwas unternimmt – egal was –, sollten Sie nicht versäumen, ihm für das wunderbare Date zu danken.

DANKE, DASS DU AN MICH DENKST.

Einige Männer glauben, wenn sie ihren Frauen keine großartigen Liebeserklärungen machen, könnten sie sich die Mühe gleich sparen. Vielleicht sind Sie aber auch wie ich und es tut Ihnen gut, einfach nur zu wissen, dass Ihr Mann an Sie denkt.

Sicher kennen Sie das auch, dass Sie innerlich zu murren beginnen, wenn zum Beispiel eine Sitzung länger dauert und Ihr Mann später nach Hause kommt als geplant. Dann kann es mir schon mal passieren, dass ich anfange, der Lüge zu glauben, dass ich ihm egal bin oder dass er mich vergessen hat.

Doch wenn in solchen Situationen eine kurze Nachricht kommt: „Schatz, ich sitze hier und denke an dich. Ich wäre viel lieber bei dir als in dieser langweiligen Sitzung. Ich kann es nicht erwarten, zu dir nach Hause zu kommen. Ich liebe dich ♥", ist alles wieder gut.

Es hat ein wenig gedauert, bis mein Mann verstanden hat, dass mir solche Nachrichten wichtig sind. Weiß Ihr Mann, wie viel es Ihnen bedeutet, dass er an Sie denkt?

31

ICH WÜNSCHE MIR EINE IMMER ENGER WERDENDE BEZIEHUNG ZU DIR.

Sehnen Sie sich danach, Ihrem Mann nahe zu sein? Ja, ich auch.

Am Anfang unserer Ehe dachte ich, eine enge Beziehung würde sich von selbst einstellen. Ähnlich wie man sich verliebt. Man lebt sein Leben und plötzlich ist es da: das tiefe Verständnis und die Seelenverwandtschaft.

Aber so ist es nicht. Eine enge Beziehung kommt nicht automatisch; sie muss wachsen und dafür sind Zeit und bewusster Einsatz nötig.

Nehmen Sie sich also vor, sich um eine engere Beziehung zu bemühen. Und lassen Sie Ihren Mann wissen, dass Sie sich das für Ihre Ehe wünschen.

32

DU BIST EIN FANTASTISCHER LIEBHABER.

Mein Mann und ich haben liebe Freunde, die seit vielen Jahren miteinander verheiratet sind. Sie führen eine gute Ehe, obwohl sie schon viel durchgemacht haben: berufliche Herausforderungen, Herausforderungen bei der Erziehung ihrer Kinder, Verrat durch Freunde.

Kein Wunder, dass sie beide urlaubsreif waren. Als ihr Mann aus beruflichen Gründen nach Europa reisen musste, schlug meine Freundin vor, ihn zu begleiten. Und nach ihrer Rückkehr fragte ich, wie es in Europa gewesen sei. Sie berichtete, dass es *absolut fantastisch* gewesen wäre. Das war eine unerwartet euphorische Antwort meiner Freundin, die sich normalerweise eher zurückhaltend äußert. Deshalb fragte ich nach und wollte Details wissen.

Sie erzählte, dass sie tagsüber nicht viel zu tun gehabt habe und hauptsächlich gewartet habe, bis er mit seinen Sitzungen fertig gewesen sei, damit sie sich *amüsieren* konnten. Offenbar bestand ein Teil dieses *Amüsements* darin, dass sie miteinander geschlafen haben.

Bei dieser Reise hat sie ihm zum ersten Mal anvertraut, wie sehr sie ihn als ihren Liebhaber schätzt – als ihren *Liebhaber*, nicht nur als ihren Mann. Diese Worte taten ihm sehr gut.

Besonders wenn wir schon länger verheiratet sind, kann Sex leicht zur Routine verkommen – oder noch schlimmer, er verkommt ganz – und wir vergessen womöglich, dass wir auch ein Liebespaar sind. Aber Ihr Mann möchte von Ihnen hören, dass Sie im Bett genauso glücklich mit ihm sind wie in allen anderen Lebensbereichen.

Also keine falsche Scheu. Sagen Sie es ihm.

ICH STEHE IMMER HINTER DIR, MEIN SCHATZ.

Sie würden es mir nicht ansehen, aber ich kann eine Kämpferin sein. Wenigstens dann, wenn es um Menschen geht, die ich liebe. Und ich liebe meinen Mann.

Wenn ich höre, dass jemand etwas gegen ihn sagt oder versucht, ihm in irgendeiner Weise zu schaden, bekommt er es mit mir zu tun. Ich lasse keinen Zweifel daran aufkommen, dass ich seinen Ruf verteidige und für ihn kämpfe.

Ich stehe hinter ihm. Darauf kann er sich immer verlassen.

Versichern Sie Ihrem Mann, dass Sie hinter ihm stehen.

34

DANKE, DASS DU MIR VERGIBST, WENN ICH IM UNRECHT BIN.

Mein Mann war gestern nicht besonders glücklich über mein Verhalten. Er sagte nichts dazu, aber die Art, wie er sich abwandte, sprach Bände.

„Was?!", rief ich ihm nach. „Was ist das Problem?"

Aber ich war bei weitem nicht so unwissend, wie ich mich stellte. Daraufhin kam er zurück und erklärte mir, welche Worte er sich anstelle meiner Reaktion gewünscht hätte. Ich wusste, dass er recht hatte und ich unrecht.

Normalerweise hindert mich das nicht, mich zu verteidigen, aber dieses Mal hielt ich inne und sagte offen: „Du hast recht. Es tut mir leid, dass ich nicht so reagiert habe."

Ich sagte nur diese wenigen Worte und fühlte mich danach viel besser, als ich erwartet hätte – sanfter und liebevoller. Ab diesem Moment konnten wir die Angelegenheit schnell klären.

Ich bin dankbar, wie bereitwillig er mir vergibt, wenn ich falsch an ihm gehandelt habe.

Wenn Sie mit einem Mann verheiratet sind, der gerne bereit ist zu vergeben, können Sie sich glücklich schätzen. Und Sie sollten ihm das auch sagen.

35

ICH FOLGE DIR ÜBERALLHIN.

Das Telefon klingelte. Als ich die Nummer sah, wusste ich, was das bedeutete. Ein Verlag in Nashville versuchte, meinen Mann als Mitarbeiter zu gewinnen, aber ich wollte nicht aus unserem neuen Häuschen in Oregon ausziehen. Deshalb legte ich die Hand auf das Telefon und sagte eindringlich: „Ich ziehe *nicht* nach Nashville", bevor ich Matt verriet, wer dran war. Matt sollte unmissverständlich wissen, welchen Standpunkt ich vertrat.

Trotzdem nahm er den Anruf entgegen, und einige Tage später besuchte uns der Verlagsleiter. Wir führten mit ihm lange Gespräche über diese einmalige berufliche Chance, die mein Mann dann tatsächlich angeboten bekam.

Es kostete mich viel Überwindung, unser süßes Häuschen aufzugeben, aber ich vertraute Matt, dass er unsere Familie so leitete, wie er es für richtig hielt. Und wissen Sie was? Die paar Jahre, die wir in Nashville wohnten, gehören zu den eindrücklichsten Jahren unseres Ehelebens.

Es ist für einen Mann keine leichte Aufgabe, seine Familie zu leiten. Teilen Sie Ihrem Mann deshalb mit, dass Sie bereit sind, ihm überallhin zu folgen. Selbstverständlich ist es wichtig, dass Sie zu allem Ihre Meinung sagen und auch auf Ihre Bedürfnisse hinweisen – glauben Sie mir, das habe ich zur Genüge getan. Aber es ist für ihn wichtig, von Ihnen zu hören, dass Sie seiner Leitung vertrauen.

FÜR MICH UND FÜR UNSERE FAMILIE OPFERST DU SEHR VIEL.

Wenn Sie heiraten, haben Sie keine Ahnung, wohin Ihr gemeinsamer Weg Sie führen wird.

Aus welchem Holz Ihr Mann geschnitzt ist, erfahren Sie erst, wenn er unter Druck gerät. Lernen Sie, einen Blick dafür zu bekommen, wie sehr er sich für Sie und für Ihre Kinder einsetzt. Das tut er auf hunderterlei kleine und manchmal auch nicht ganz so kleine und vor allen Dingen treue Arten.

Er verzichtet auf seinen Schlaf, damit Sie sich ausruhen können. Er lehnt die Einladung seiner Freunde ab, damit er mit Ihnen zusammen sein kann. Er steht auf, wenn es noch dunkel ist, um zur Arbeit zu fahren, oder arbeitet bis spät in die Nacht, damit er seine Familie versorgen kann.

Nehmen Sie sich ein paar Minuten Zeit und überlegen Sie, wie Ihr Mann sich für Sie und für Ihre Familie bis zum Äußersten einsetzt und dafür seine eigenen Bedürfnisse zurückstellt. Schreiben Sie auf, welche Opfer er konkret bringt, und lesen Sie ihm die einzelnen Punkte vor.

DU BIST EIN VORBILDLICHER CHRIST.

Wenn Ihr Mann Christ ist und Jesus nachfolgt, sollten Sie ihm deutlich machen, dass Sie die Treue zu Gott in seinem Leben sehen und wertschätzen. Er muss nicht perfekt sein oder *auf dem Wasser gehen,* wie es mein Mann formuliert; es genügt, dass er versucht, als Christ zu leben.

Er muss keine Familienandachten halten und nicht den Kindergottesdienst leiten; es genügt, dass er Gott mit ganzem Herzen, ganzer Seele, ganzem Verstand und ganzer Kraft liebt.

Er braucht nicht jeden Tag in der Bibel zu lesen – eine ausgezeichnete Angewohnheit, aber nicht zwingend erforderlich. Es genügt, dass er an Gottes Wort glaubt und nach Kräften sein Leben danach ausrichtet.

Nur wenige Männer betrachten sich selbst als vorbildliche Christen. Deshalb sollten Sie Ihrem Mann zum Ausdruck bringen, dass Sie diese Charaktereigenschaft bei ihm sehen. Das wird ihn nicht nur ermutigen, sondern ihn wahrscheinlich auch dazu inspirieren, noch bewusster nach Gottes Willen zu leben.

DU BIST IMMER DER ERSTE,
AN DEN ICH MICH WENDE.

Ihr Mann sollte wissen, dass er der Erste ist, an den Sie sich in einer Notsituation wenden – nicht Ihre Freundin, nicht Ihr Pastor und auch nicht Ihr Lieblingsautor oder Ihre Lieblingsbloggerin.

Das heißt nicht, dass es keine anderen Menschen in Ihrem Leben geben soll, die Ihnen helfen. Aber er ist der Erste, an den Sie sich mit einem Problem wenden.

Sie denken jetzt vielleicht: *Aber er versteht mich nicht so gut wie meine Freundinnen* oder: *Er ist nicht so weise und hat nicht so viel Erfahrung wie mein Pastor.*

Das mag sein. Aber eines sollten Sie bedenken: Er kann nur lernen, Sie besser zu verstehen, wenn Sie ihn an Ihren Problemen teilhaben lassen. Er kann nur weiser werden und mehr Erfahrung bekommen, wenn Sie sich mit Ihren Fragen an ihn wenden, damit er motiviert ist, Lösungen zu suchen.

Wenden Sie sich an ihn. Und sagen Sie ihm, dass er Ihre erste Anlaufstelle ist. Sie werden vielleicht überrascht sein, wie sehr er über sich selbst hinauswächst, wenn er begreift, welchen wichtigen Platz er in Ihrem Leben einnimmt.

DU INSPIRIERST UNS DAZU, ÜBER UNS HINAUSZUWACHSEN.

Das Ganze war die Idee ihres Vaters. Von Anfang an.

Wir brachten unser kleines Mädchen von der Neugeborenenstation nach Hause – wo sie überall Schläuche und Drähte an ihrem kleinen Körper gehabt hatte. Da sie so zerbrechlich war, bewegten wir uns in ihrer Nähe auf Zehenspitzen.

Nicht so ihr Vater. Er stellte unser Kind mitten auf den Esstisch, mitten hinein ins Geschehen. Wir fütterten sie über eine Magensonde, während alle anderen Lasagne aßen. Wir unterhielten uns, wir lachten und wir hielten gleichzeitig ihre kleine Hand.

So ging es weiter. Er schob ihren Rollstuhl zum Rodeo, zum See, zum Tanz, in den Park und ins Schwimmbad. Er findet immer eine Möglichkeit, sie überall dorthin mitzunehmen, wo auch wir hingehen. Sein Vaterherz will nicht, dass sie etwas verpasst.

Dank ihrem Vater konzentriert sie sich auf all die Dinge, die sie *kann*, und nicht auf die Dinge, die sie nicht kann. Das ist ein wunderbares Geschenk.

Wenn Ihr Mann Sie dazu inspiriert, über sich selbst hinauszuwachsen, dann danken Sie ihm für dieses Geschenk.

40

ICH MÖCHTE DICH AUFMUNTERN,
WENN DU NIEDERGESCHLAGEN BIST.

Manchmal ist mein Mann niedergeschlagen. Das sehe ich an seinem Gesicht und daran, wie er sich durchs Zimmer schleppt, als trage er die Last der ganzen Welt auf seinen Schultern.

An solchen *grauen Tagen* weiß ich, dass ich besonders liebevoll zu ihm sein muss. Es ist wichtig, dass ich freundlich lächle und ihm meine Hilfe anbiete, soweit ich kann. Aber ich weiß auch, dass ich ihm Freiraum lassen muss, wenn er ihn braucht. Dass ich ihm vielleicht ein ermutigendes Wort sagen oder im Stillen für ihn beten sollte.

Ist Ihr Mann auch manchmal niedergeschlagen? Fühlt er sich entmutigt oder resigniert? Lassen Sie ihn wissen, dass Sie ihn von ganzem Herzen lieben und alles tun, um ihn aufzumuntern.

ICH MACHE GERNE MIT DIR UNSINN.

In unserem Haus wird nicht immer gefeiert. Das heißt nicht, dass wir uns nicht lieben würden. Natürlich lieben wir uns, aber es gibt auch schwere Zeiten.

Wir haben beide so viel um die Ohren, dass wir von dem Stress, den Rechnungen, den Terminen, den gesundheitlichen Sorgen und den emotionalen Herausforderungen manchmal fast erdrückt werden. Alles prasselt auf uns ein, und das Leben scheint seine Leichtigkeit zu verlieren.

Dann fliegen bei uns die Kissen. Im buchstäblichen Sinn.

Auf unserem Bett liegen 101 Kissen (tatsächlich sind es nur 13, aber mein Mann übertreibt in diesem Punkt gern ein wenig). Es ist also gar nicht so leicht, nachts ins Bett zu kommen. Und da er grundsätzlich früher bettfertig ist als ich, geht er zuerst ins Schlafzimmer. Dann wartet er. In dem Moment, in dem ich auf mein Bett zusteuere, fängt er an, mit Kissen nach mir zu werfen, als wären wir Kinder, die eine Kissenschlacht veranstalten. Ich muss mir jedes Mal meinen Weg zum Bett erkämpfen.

Man sollte meinen, dass wir dieses Spiels im Laufe der Jahre müde geworden wären, aber er bringt mich damit immer noch zum Lachen. Jedes Mal.

Verspielte Momente ändern vielleicht nichts an unseren Umständen, aber sie können eindeutig Licht und Freude ins Leben bringen. Seien Sie also dankbar, dass Ihr Mann weiß, wie er Sie zum Lachen bringen kann.

DU HAST DIE BESTEN IDEEN.

Ich bin ein sehr praktisch veranlagter Mensch, und darauf bin ich recht stolz. Mir fällt es einfach leicht zu entscheiden, was realistisch und vernünftig ist, und ich treffe aufgrund von Fakten logische Entscheidungen.

Aber diese praktische Frau hat einen visionären Mann geheiratet. Er ist der spannendste Mann, dem ich je begegnet bin. Er ersinnt locker 20 Ideen am Tag, und ich weiß nie, was ihm als Nächstes einfällt.

Obwohl ich seine vielen Ideen am Anfang unserer Beziehung aufregend und spannend fand, liefen sie, nachdem wir geheiratet hatten und wir mit unserer Familie ziemlich ausgelastet waren, manchmal ein wenig aus dem Ruder und waren gelegentlich sogar richtig lästig. Deshalb betrachte ich es als meine Aufgabe, dafür zu sorgen, dass er auf dem Boden der Tatsachen bleibt. Denn ich denke, dass ich die Gabe habe, ihm die Augen dafür zu öffnen, was an seiner gerade aktuellen Idee unrealistisch ist.

Ähm, leider hat sich herausgestellt, dass meine *Gabe* gar keine so tolle Gabe ist, denn sie kann auf ihn richtiggehend entmutigend und vernichtend wirken.

Wenn Sie also mit einem Mann verheiratet sind, der viele Ideen ausbrütet, dann sagen Sie ihm, dass er einen faszinierenden, kreativen Verstand hat. Üben Sie, zunächst positiv zu reagieren. Später können Sie dann seine Idee gemeinsam genauer durchspielen und entscheiden, ob ihre Umsetzung sinnvoll ist oder nicht. Zeigen Sie ihm unmissverständlich, wie sehr Sie seine vielen Ideen schätzen.

DEINE ZUVERLÄSSIGKEIT
GIBT MIR SICHERHEIT.

Vielleicht sind Sie nicht so wie ich mit einem Visionär verheiratet. Sie müssen sich nie Sorgen machen, welche Ideen Ihrem Mann als Nächstes einfallen werden, stattdessen handelt er absolut vorhersehbar.

Solche Charaktere werden in unserer Welt oft zu wenig geschätzt und gelobt. Hüten Sie sich bitte vor diesem Fehler! Sie sind die einzige Person, die Frau in seinem Leben, die seine wunderbaren Qualitäten kennt und schätzt. Er ist zuverlässig und beständig. Er ist Ihr Fels, und er sorgt dafür, dass alles rund läuft.

Versichern Sie ihm deshalb, wie sehr Sie es schätzen, dass er so beständig und zuverlässig ist. Erklären Sie ihm, dass es nichts Schöneres gibt als einen Mann, der Ihnen Sicherheit und Geborgenheit gibt. Damit bauen Sie ihn auf.

ICH BRAUCHE DICH.

Tief in seinem Herzen sehnt sich jeder Mensch danach, gebraucht zu werden. Es tut uns gut zu wissen, dass wir irgendwo eine Lücke füllen und einem höheren Zweck dienen. Noch besser: dass wir das Herz eines anderen Menschen mit Liebe erfüllen.

Es mag Sie überraschen, aber Ihrem Mann geht es nicht anders. Vielleicht beherrscht er es besser, diese Sehnsucht zu verbergen, aber das heißt nicht, dass sie nicht da wäre. Er will von Ihnen hören, dass er etwas so Besonderes an sich hat, dass Sie ohne ihn regelrecht *verloren* wären.

Sie wollen ihn nicht nur an ihrer Seite haben, Sie brauchen ihn auch. Sagen Sie ihm das heute.

DANKE, DASS DU IN HAUS UND GARTEN SO VIEL TUST.

In unseren ersten Ehejahren bemerkte mein Mann, dass ich irgendwann ziemlich schnippisch wurde. Ich wirkte nicht mehr so glücklich und wurde immer gereizter. Daraus schloss er, dass ich mehr Hilfe im Haus bräuchte – in unserem Fall in der Wohnung – und machte sich an die Arbeit: Er saugte Staub, spülte Geschirr und putzte die Toilette.

Aber ich wurde trotzdem immer gereizter.

Schließlich konnte er meine schlechte Laune nicht länger ertragen. „Was ist dein Problem?", fragte er. „Ich arbeite mir hier die Finger wund, und du bist immer noch nicht glücklich!"

Oh-oh. Hier ging es um verschiedene *Sprachen der Liebe*. Ich wünschte mir, dass er mit mir ausgehen und Zeit mit mir verbringen würde. Was interessierte mich das Putzen?

Aber meinem Mann ist Hilfsbereitschaft sehr wichtig. Ich musste also lernen, seine Bemühungen, mir bei der Hausarbeit zu helfen, anzuerkennen und zu schätzen und ihm meine Dankbarkeit zu zeigen.

Die eine oder andere Frau wünscht sich jetzt bestimmt, sie hätte dieses *Problem*. Ihr Mann rührt im Haushalt kaum einen Finger. Wie gehen Sie am besten damit um?

Ich würde vorschlagen: Jedes Mal, wenn Sie mitbekommen, dass er etwas tut – egal was –, um Ihnen zu helfen, sollten Sie ihm dafür danken. Vielleicht ist ihm bis jetzt gar nicht bewusst, wie viel Ihnen seine Mithilfe bedeutet. Und vielleicht – nur vielleicht – wird er dadurch sogar ermutigt, mehr zu tun.

ES MACHT SPASS, MIT DIR ZU TRÄUMEN.

Wir verbrachten einen herrlichen Tag zusammen, während wir gemeinsam einen neuen Teppich für unser Haus aussuchten. Das klingt wahrscheinlich nicht sehr romantisch oder aufregend, aber es steckte mehr dahinter, als Sie vielleicht denken mögen (besonders da unser alter Teppich 20 Jahre auf dem Buckel hatte).

Meine liebe Freundin drückt es so aus: „Es macht so viel Spaß, kreativ zu sein und zwei Visionen miteinander zu vereinen."

Ich war für die hellere Farbe (hübsch) und er bevorzugte die dunklere (praktisch). Am Ende entschieden wir uns für ein erdfarbenes Braun. Das war bei drei Jungen im Haus vernünftig.

Aber das Schöne an diesem Einkauf war, dass wir diesen Teppichkauf zusammen erledigten und gemeinsam die verschiedenen Möglichkeiten durchspielten – nicht nur in Bezug auf den Teppich, sondern auch auf andere interessante Projekte.

Am Ende des Tages kommt es weniger darauf an, ob der Teppich tigerfarben oder schokofarben ist; es geht darum, dass man gemeinsam träumt.

DU BIST WIRKLICH BEGABT.

Ich hoffe, es ist kein Fehler, das zu sagen, aber ich könnte meinem Mann tagelang zuhören. Okay, vielleicht nicht tagelang, aber auf jeden Fall sehr lange.

Man könnte meinen, dass ich es nach einer Weile müde wäre, da Matt der Pastor unserer Gemeinde ist und ich ihn fast jeden Sonntag predigen höre, aber so ist es nicht. Er ist ein begabter Redner und Lehrer, und ich höre ihm gerne zu.

Vielleicht ist Ihr Mann kein Redner, aber er hat bestimmt andere Gaben. Womöglich ist er ein guter Buchhalter oder Feuerwehrmann oder Handwerker oder Geschäftsmann. Welche Begabungen er auch hat, Sie sollten ihm deutlich machen, wie sehr Sie seine Talente schätzen und bewundern.

ICH LERNE SO VIEL
VON DIR.

Ich stifte gerne Frieden. Das ist eine meiner liebsten Begabungen, sie kann aber auch zu einem Problem werden, weil ich instinktiv Konflikten aus dem Weg gehe, und das ist nicht immer die beste Lösung.

Mein Mann hingegen scheut sich nicht, unangenehme Themen anzugehen. In dieser Hinsicht habe ich schon eine Menge von ihm gelernt, denn er hat eine geschickte Art, emotional beladene Situationen realistisch anzugehen und andere Menschen für Dinge zur Verantwortung zu ziehen, die nicht korrekt sind. Meine Persönlichkeit ändert sich dadurch zwar nicht, und ich gehe Problemen nach wie vor lieber aus dem Weg, aber dank seines Vorbilds kann ich besser mit einer herausfordernden Situation umgehen.

Und Sie? Haben Sie sich schon einmal Gedanken über die vielen Fertigkeiten und Lektionen, die Sie von Ihrem Mann gelernt haben, gemacht? Schreiben Sie sie auf und berichten Sie ihm konkret, welche seiner Handlungsweisen Sie weitergebracht haben. Er ist bestimmt überrascht, wenn er Ihre lange Liste hört.

DU BIST EIN GROSSER SEGEN FÜR UNSERE FAMILIE.

Ich habe mir nie Gedanken gemacht, was für ein Vater mein Mann einmal sein würde. Wahrscheinlich wäre das nicht schlecht gewesen, aber auf diese Idee bin ich nicht gekommen, bevor wir heirateten. Damals interessierte mich nur, dass er der richtige Mann für mich war. Und schließlich waren wir verliebt.

Ich wusste nicht, dass er ohne zu murren nachts aufstehen würde, um die Kinder zu trösten. Dass er unseren Kindern stundenlang Geschichten vorlesen würde. Dass ihn unsere erwachsenen Kinder anrufen würden, wenn sie einen Rat brauchen. Dass er unsere Tochter aus dem Rollstuhl heben und mit ihr tanzen würde, weil er ihre Sehnsucht in ihren Augen sah. Wenn ich das alles gewusst hätte, hätte ich ihn wahrscheinlich vom Fleck weg geheiratet.

Welcher Mann hört nicht gerne, dass er ein Segen für seine komplette Familie ist? Ihr Mann ist da nicht anders.

50

DU BIST DER BESTE MANN,
DEN ICH KENNE.

Sollten Sie das zu Ihrem Mann sagen, dürfen Sie sich nicht wundern, wenn er sich umdreht und nachschaut, mit wem Sie gerade sprechen. Wenn er an gute Männer denkt, fallen ihm wahrscheinlich der Pastor, sein Vater oder der Nachbar ein – fast jeder außer ihm.

Diese Männer können alle großartig sein, aber keiner von ihnen ist *Ihr* Mann.

Mein Mann reagierte regelrecht geschockt, als ich ihm das erste Mal sagte, dass er der beste Mann der Welt sei. Ich konnte seine Reaktion überhaupt nicht verstehen, denn ich dachte, ich würde nur etwas aussprechen, was offensichtlich war. Aber er sah sich selbst überhaupt nicht so.

Als ich nachfragte, erklärte er mir, dass einem Mann immer jemand einfällt, der besser ist als er – klüger, stärker, erfolgreicher. Er bezweifelt, ob er jemals wirklich gut genug sein wird.

Aber er ist gut genug. Er ist der beste.

Das weiß er aber nur, wenn Sie es ihm sagen.

ICH WILL MIT DIR ALT WERDEN.

Ich habe meinen Mann neulich gefragt, ob er bereit sei, mit mir alt zu werden. Sie wissen schon, eine dieser Fragen, die man halb im Scherz sagt, die aber trotzdem einen ernsten Kern haben. Wir waren auf dem Heimweg von einem Kurzurlaub anlässlich unseres Hochzeitstags, als ich das plötzlich hören musste. *Zum wiederholten Mal.*

Als wir jünger waren, hatten wir romantische Vorstellungen davon, miteinander alt zu werden, aber Jahre später war diese Frage eher realistisch als romantisch. Denn wir wurden bereits miteinander alt.

Er schwieg eine Minute lang. Nicht weil er die Antwort nicht gewusst hätte, sondern weil er meine *lockere* Frage durchschaute und die richtigen Worte suchte, um mir unmissverständlich klarzumachen, was er meinte.

„Ja, ich liebe es, mit dir alt zu werden."

So einfach. So direkt. Kurz zuvor hatten wir gelacht, aber plötzlich hatte ich Tränen in den Augen. Offensichtlich bedeutete mir seine Antwort mehr, als ich ahnte. Sie bedeutete, dass wir wirklich gemeinsam durch dieses Leben gehen, wie auch immer das aussieht und wohin auch immer es uns führt. Realistisch *und* romantisch.

Diesen Gedanken sollten Sie sich immer vor Augen halten. An den Tagen, an denen Sie enttäuscht sind oder sich übereinander ärgern, an denen Sie müde oder entmutigt sind. Stellen Sie sich vor, wie Sie sich auch im hohen Alter immer noch an den Händen halten und gemeinsam durchs Leben gehen. Und versichern Sie Ihrem Mann, dass Sie gerne mit ihm alt werden wollen.

52

ICH FINDE, WIR SOLLTEN HEUTE FRÜH INS BETT GEHEN.

Ich liebe es, meinem Mann eine Freude zu machen, indem ich vorschlage, dass wir früh ins Bett gehen. Nicht, weil wir so müde wären, sondern weil ich etwas anderes im Sinn habe. Wenn ich den ersten Schritt mache, teile ich ihm damit ohne Worte mit, dass ich ihn begehre. Und dass ich es nicht erwarten kann, die Nacht mit ihm zu verbringen.

Falls Sie normalerweise nicht diejenige sind, die die Initiative ergreift, sollten Sie es einfach einmal ausprobieren. Sie werden vielleicht staunen, wie viel es Ihrem Mann bedeutet, wenn er merkt, dass er nicht der einzige ist, der sich darauf freut, dass Sie miteinander schlafen.

53

ICH BIN DANKBAR, DASS DU MEINE TRÄUME VERSTEHST.

Eines Tages überraschte mich Matt mit einer Einladung in ein Restaurant und diese Einladung trieb mir Freudentränen in die Augen. Grund dafür war, dass es sich um ein besonderes Sterne-Restaurant handelte.

Ihnen mag das vielleicht nichts bedeuten, aber ich verfolge schon seit Jahren begeistert verschiedene Kochsendungen und bin eine leidenschaftliche Amateurköchin. Einmal bei einem Sternekoch zu essen war schon immer mein Traum, auch wenn ich ihn nie laut geäußert hatte.

Und jetzt saßen wir tatsächlich vor dem köstlichsten Essen, das man sich vorstellen kann. Mein Mann kennt mich, und er wusste, womit er mir eine Freude bereiten kann.

Womöglich ist ein exquisites Neun-Gänge-Menü nicht unbedingt Ihr Traum. Und vielleicht besteht Ihr Traum eher darin, eine bestimmte Reise zu unternehmen, ein Buch zu schreiben oder ein Bild zu malen. Es ist nur ein Traum, aber Ihr Mann kennt ihn. Ruhig und unaufgeregt tut er, was er kann, um Ihren Traum wahr werden zu lassen.

Zeigen Sie ihm, wie dankbar Sie ihm dafür sind.

ICH VERTRAUE DEINEM URTEIL.

Ich werde Matts Blick nie vergessen, als ich diesen Satz das erste Mal ihm gegenüber aussprach. Er wirkte völlig erstaunt, dass ich so viel Vertrauen in seine Beurteilung einer bestimmten Situation hatte.

Der Grund für seine Überraschung könnte darin liegen, dass ich die schreckliche Angewohnheit habe zu glauben, ich wäre immer im Recht. Mit Sicherheit habe ich nicht immer recht, aber meistens. Sind Sie auch ein wenig so? Vielleicht sprechen Sie es nicht laut aus, aber tief in Ihrem Herzen glauben Sie es.

Wenn Sie Ihrem Mann versichern, dass Sie seinem Urteil vertrauen, geben Sie ihm damit wahrscheinlich den stärksten Vertrauensbeweis, den er seit langer, langer Zeit bekommen hat.

DEIN LOB
BEDEUTET MIR MEHR ALS ALLES ANDERE.

Interessiert Sie, was Ihre Freundinnen von Ihnen halten? Welche Meinung sie von Ihren Leistungen und Errungenschaften haben?

Vielleicht interessiert Sie mehr, was Ihre Familie und Ihre Verwandtschaft denkt. Oder Sie suchen die Zustimmung der Familie Ihres Mannes.

Möglicherweise zählt für Sie vor allem die Meinung der Frauen in Ihrer Gemeinde oder in Ihrem Bibelkreis oder in Ihrem Buchclub. Irgendwie wünschen Sie sich, dass die anderen Sie *loben*, dass sie eine gute Meinung von Ihnen haben.

Aber seien Sie doch einmal ehrlich: Was sind diese vielen Menschen im Vergleich zu dem Mann, mit dem Sie verheiratet sind? Dem Mann, mit dem Sie Ihr ganzes Leben teilen?

Lassen Sie ihn wissen, dass Ihnen seine Zustimmung mehr bedeutet als die Meinung aller anderen.

DANKE, DASS DU DICH FÜR UNSERE FAMILIE UND FÜR MICH EINSETZT.

Es begann mit einem Anruf um zwei Uhr nachts. Mit einem Anruf, den Eltern nicht bekommen wollen. Unsere Tochter hatte einige Monate als Fotojournalistin im Irak gearbeitet und wollte in die Vereinigten Staaten zurückkehren. Sie hatte ihre Taschen gepackt und den Flug gebucht, aber dann lief alles völlig aus dem Ruder.

Ich hörte nur etwas von *großen Problemen* und *drohender Verhaftung*. Mir wurde sofort übel, denn eine meiner größten Ängste wegen ihres Irakaufenthaltes wurde wahr, und ich konnte nicht mehr klar denken.

Anders mein Mann, Matt. Er behielt einen klaren Kopf und begann zu telefonieren. (Wussten Sie, dass es eine Durchwahl zum amerikanischen Konsulat im Irak gibt?) Außerdem setzte er sich sofort mit einigen Freunden in Washington, D. C. in Verbindung, die ihrerseits anfingen zu telefonieren.

In den nächsten fünf Tagen (und Nächten) ruhte mein Mann keine Minute und sprach mit jedem, der uns irgendwie helfen könnte. Und wir alle beteten kräftig.

Schließlich ließen die Iraker sie aufgrund des starken diplomatischen Drucks und als *freundliche Geste* ausreisen. Ich hätte weinen können. Danke, Herr!

Ich war so unendlich dankbar, dass mein Mann sich so unermüdlich einsetzte, bis unsere Tochter wieder sicher zu Hause war.

DU BIST SEHR EINFÜHLSAM.

Ich wachte auf und roch den frischen Kaffeeduft, aber mein Mann war nirgends zu finden. Ich hatte keine Ahnung, wo er so früh am Morgen sein konnte.

Deshalb schrieb ich ihm folgende Nachricht: „Wo bist du?“

Er antwortete sofort, dass er in den Lebensmittelladen gegangen sei, um Sahne für meinen Kaffee zu besorgen.

Das war nicht wirklich nötig, aber es war definitiv sehr *einfühlsam.*

Ich kann natürlich meinen Kaffee auch ohne Sahne trinken, aber wozu soll ich ihn dann überhaupt trinken? Dann schmeckt er einfach nicht, finde ich. Das weiß mein Mann.

Solche kleinen Dinge sind so unbeschreiblich lieb.

Wie ist das bei Ihrem Mann? Woran erkennen Sie, dass er einfühlsam ist? Sagen Sie ihm, wie dankbar Sie ihm dafür sind, und nennen Sie ihm konkrete Beispiele.

DANKE, DASS DIR NICHT EGAL IST, WIE ICH MICH FÜHLE.

Aus irgendeinem Grund haben die meisten Männer den angeborenen Drang, Lösungen zu suchen und Kaputtes zu reparieren. Wenn sie von einem Problem hören, besteht ihre erste Reaktion normalerweise darin, dass sie überlegen, wie sie das, was kaputt oder beunruhigend ist, in Ordnung bringen können. So sind sie einfach veranlagt. Dabei verstehen sie nicht immer, wie wichtig es für eine Frau ist, dass ihr Mann ihre Gefühle versteht. Frauen wünschen sich viel öfter das Mitgefühl und Verständnis ihres Mannes als eine Lösung.

Wenn Ihr Mann Verständnis für das zeigt, was Sie durchmachen, sollten Sie ihm dafür danken, dass es ihm nicht egal ist, wie Sie sich fühlen. Versichern Sie ihm, dass Ihnen sein Verständnis sehr hilft.

DU BEHANDELST MICH MIT RESPEKT,
UND DAS BEDEUTET MIR SEHR VIEL.

Nicht nur Männern ist Respekt wichtig. Auch Frauen wünschen sich, mit Respekt und Achtung behandelt zu werden.

Wenn Ihr Mann aufmerksam zuhört, wenn Sie ihm etwas erzählen, zeigt er Ihnen damit seinen Respekt.

Wenn er Sie nach Ihrer Meinung zu einer wichtigen Angelegenheit fragt, bringt er Ihnen Hochachtung entgegen.

Wenn er vor den Kindern Ihren Standpunkt vertritt, vermittelt er damit seine Achtung Ihnen gegenüber.

Eine gesunde Ehe ist auf gegenseitige Achtung aufgebaut. Seien Sie also froh, dass Sie mit einem Mann verheiratet sind, der das weiß und der Ihnen vor dem Rest der Welt mit Respekt und Achtung begegnet. Wenn Ihr Mann mit dem, was er sagt oder tut, Respekt und Achtung zollt, sollten Sie ihm mitteilen, dass Sie das sehr zu schätzen wissen.

DU GIBST MIR DAS GEFÜHL, EINE FRAU ZU SEIN.

Wahrscheinlich sind Sie ähnlich wie ich und schlüpfen in verschiedene Rollen: Sie sind Chauffeurin, Köchin, Putzfrau, Sekretärin, Lehrerin, Telefonistin und vieles mehr. Diese vielen Rollen erfüllen Sie gern – wenigstens die meisten.

Aber manchmal kann es vorkommen, dass Sie bei allem, was Sie tun, ganz aus den Augen verlieren, dass Sie neben diesen vielen Rollen auch eine Frau sind. Eine lebendige, schöne, sensible Frau.

Hier kommt Ihr Mann ins Spiel. Er ist da, um Sie daran zu erinnern, dass Sie nicht nur eine Frau sind, sondern dass Sie *seine* Frau sind. Das zeigt er Ihnen vielleicht mit Worten oder mit etwas, das er für Sie tut. Möglicherweise erkennen Sie es einfach an dem Blick, mit dem er Sie ansieht. Seine Worte, Blicke und auch Gesten sind wichtig. Sie berühren Ihr Herz und erinnern Sie, wozu Sie geschaffen wurden.

Weckt Ihr Mann solche Gefühle in Ihnen? Dann verraten Sie ihm, welche Wirkung er auf Sie hat.

ICH BIN SO GLÜCKLICH, WENN DU AM ENDE DES TAGES NACH HAUSE KOMMST.

Ist Ihnen bewusst, wie wohltuend nach einem langen, schweren Tag eine liebevolle Begrüßung ist? Das ist eigentlich eine ganz einfache Sache. Ein freundliches Lächeln, eine sanfte Berührung und ein liebevoller Blick. Im Großen und Ganzen ein herrlicher Anblick, der das Herz eines Mannes erwärmt.

„Und was ist mit mir? Was ist mit meinem langen, schweren Tag?", mögen Sie fragen.

Ja, natürlich sollen Ihre Bedürfnisse nicht untergehen, aber wie wäre es, wenn Sie das für ein paar Minuten vergessen und sich auf Ihren Mann und Ihre Liebe zueinander konzentrieren? Wenn Sie seine Heimkehr am Abend wie ein kleines Wiedersehen feiern? Sie sind beide wieder zusammen! Betrachten Sie das nicht als selbstverständlich, sondern sehen Sie es als wertvolles Geschenk.

Zeigen Sie Ihrem Mann, wie sehr Sie sich freuen, ihn zu sehen. Damit legen Sie den Grundstein für einen angenehmen Rest des Abends.

WÜRDEST DU BITTE MEINE HAND HALTEN?

Ich sage Ihnen jetzt eine Zahl: 10.579. Eine etwas überraschende Zahl, nicht wahr? Wenn man genauer darüber nachdenkt, richtig erstaunlich.

So oft haben mein Mann und ich uns schon an den Händen gehalten. Über 10.000 Mal. Meine kleine Hand in seiner großen, kräftigen Hand. Unsere Finger ineinandergeschoben und dazwischen unsere Eheringe.

Dass wir seit über 25 Jahren verheiratet sind, trägt natürlich dazu bei, dass diese Zahl so hoch ausfällt. Und dennoch ist das nicht selbstverständlich.

In letzter Zeit sprechen wir öfter über ernstere Themen, da uns irgendwie bewusster geworden ist, dass niemand weiß, was die Zukunft bringt. Wenn es eine kleine Meinungsverschiedenheit oder eine leichte Spannung zwischen uns gibt, nimmt einer von uns die Hand des anderen als eine stumme Erinnerung daran, dass wir uns lieben. Dieses Geschenk wollen wir nie loslassen.

Nehmen Sie die Hand Ihres Mannes und sagen Sie ihm, dass Sie ihn niemals loslassen wollen.

WENN ICH KURZ DAVOR BIN, DEN VERSTAND ZU VERLIEREN, HILFST DU MIR.

Verlieren Sie manchmal den Überblick? Verzetteln Sie sich und haben das Gefühl, nicht mehr klar denken zu können? Ich kenne solche Momente. Im Kopf einer Frau kreisen so viele Gedanken und Sorgen, dass sie gelegentlich den Blick für die nächsten Schritte oder für das, was getan werden sollte, verliert.

Aber Sie haben Ihren Mann. Er ist nahe genug, um zu sehen, was mit Ihnen los ist, und hat trotzdem den nötigen Abstand, um Ihnen zu helfen, wieder einen klaren Blick zu bekommen.

Ich hatte letztens einen solchen Tag. Okay, zugegeben: Ich hatte schon viele solcher Tage, aber an diesem konkreten Tag hatten wir Gäste zum Essen eingeladen, und meine To-do-Liste war erdrückend lang.

Ich arbeitete die Punkte, so schnell ich konnte, ab, aber es gab immer noch unendlich viel zu tun, zum Beispiel meine *berühmten* Brötchen zu backen.

Ich begann, die notwendigen Zutaten auf die Arbeitsplatte zu stellen, als Matt meine Hand ergriff.

Mit einem Kopfschütteln sagte er: „Das ist Wahnsinn, Schatz. Du brauchst keine Brötchen zu backen. Wir können doch genauso wie alle anderen einfach Brötchen kaufen."

Ich unterbrach mein hektisches Treiben in der Küche lange genug, um über seine Worte nachzudenken. Ich wollte protestieren und spürte, wie sich mein Eigensinn meldete. Doch dann begriff ich, dass er recht hatte.

Vielleicht wirkt es sich bei Ihnen anders aus, wenn Sie kurz vor dem Durchdrehen sind. Vielleicht backen Sie keine Brötchen, sondern bleiben bis spät abends auf, um das Haus zu putzen, um Papierkram zu erledigen oder irgendetwas anderes, das Sie fast in den Wahnsinn treibt. Dann unterbricht Ihr Mann Sie und holt Sie wieder auf den Boden der Tatsachen zurück.

Danken Sie ihm dafür. Sie brauchen seine ausgewogene Sichtweise. Das sollten Sie ihm bei nächster Gelegenheit einmal sagen.

DU SIEHST GUT AUS, SCHATZ.

Als Matt zur Haustür ging, trug er die dunkelblaue Weste, die wir vor einigen Jahren in London gekauft hatten. Nicht jeder Mann kann eine Weste tragen, aber meiner schon. Er sieht darin so gut aus, dass ich ganz weiche Knie bekomme. Das habe ich ihm auch so gesagt. Ich schlug scherzhaft vor, dass wir den Gottesdienst ausfallen lassen könnten, weil er einfach so gut aussah. Fast schon *zu gut*.

Pastor Matt tadelte mich daraufhin grinsend, weil ich einen so schockierenden Vorschlag machte, aber uns war beiden klar, dass er das nicht ernst meinte. Mein Lob tat ihm gut. Und es war ein wunderbarer Auftakt dieses Sonntagmorgens. Er würde das jederzeit bestätigen.

Lassen Sie Ihren Mann wissen, dass er so gut aussieht, dass Sie bei seinem Anblick weiche Knie bekommen.

65

ICH BIN VON DEINER KREATIVITÄT BEGEISTERT.

Ich weiß nicht mehr, wie ich auf diese Idee kam, aber ich hatte einen Traum, wie wir unsere Terrasse gestalten könnten, und konnte ihn einfach nicht vergessen. Ich versuchte, ihn meinem Mann zu beschreiben, doch obwohl er mir zuhörte und geduldig lächelte, blieb unser Gespräch ohne sichtbare Folgen.

Ich hatte meinen Traum von einer neu gestalteten Terrasse fast schon aufgegeben, als wir eines Abends in ein Restaurant gingen, das früher ein Weinkeller gewesen war. Wir saßen an diesem warmen Sommerabend im Freien und beobachteten, wie eine funkelnde Lichterkette, die von einem Weinfass zum anderen gespannt war, die Nacht erhellte. Bei diesem Anblick erinnerte sich Matt an meinen Traum für unsere Terrasse, und plötzlich konnte er sich diese Terrasse auch vorstellen.

In den nächsten Tagen besorgte er alles, was er brauchte. Auf dem Flohmarkt erstand er alte Weinfässer, er bestellte mehrere Lichterketten und kaufte alles andere im Baumarkt.

Ich schaute zu, wie er und unsere Söhne den ganzen Tag draußen im Garten fleißig an diesem besonderen Projekt arbeiteten. Mein Traum wurde wahr, und das Ergebnis war sogar noch um Klassen besser, als ich es mir erträumt hatte.

Sicher hätten wir auch eine Firma beauftragen können, meine Traumterrasse zu gestalten, aber es bedeutet mir viel mehr, dass Matt sie mit seinen eigenen Händen gebaut hat. Jedes Mal, wenn die Lichter angehen, denke ich an ihn.

Hat Ihr Mann schon einmal etwas für Sie oder für Ihre Familie gebaut? Es muss nicht Pinterest-würdig sein. Vielleicht hat er ein Baumhaus für die Kinder gebaut, einen Tisch, auf dem Sie basteln können oder Hochbeete für Ihren Garten.

Was es auch ist, er hat es mit seinen eigenen Händen für Sie angefertigt, und das macht es einmalig.

DU HAST GUTE PLÄNE
FÜR UNSERE FAMILIE.

Ist Ihr Mann jemand, der gerne plant? Hat er langfristige Ziele für Ihre Familie? Handelt es sich um Pläne für den Familienurlaub oder einen soliden Rentenplan, einen Fünfjahresplan für die Renovierung Ihres Hauses, ein Wanderwochenende, eine Kreuzfahrt oder gar die Teilnahme an einem Missionseinsatz?

Mir passiert es leicht, dass ich so sehr mit dem Tagesgeschehen beschäftigt bin, dass es mir schwerfällt, mehr zu sehen als das, was in dieser Woche unbedingt erledigt werden muss. Deshalb bin ich immer dankbar, wenn mir bewusst wird, dass er Dinge geplant hat, die mir nie eingefallen wären. Mir mag zwar der eine oder andere Gedanke in den Sinn gekommen sein, aber ich konnte mir nicht vorstellen, wie er verwirklicht werden könnte, und dann stelle ich fest, dass mein Mann bereits einige Schritte weiter ist und alles in die Wege geleitet hat.

Erklären Sie ihm, wie herrlich es ist, mit einem Mann verheiratet zu sein, der vorausdenkt.

ICH WERDE DEINEN RUF IMMER VERTEIDIGEN.

Mein Mann soll sich immer darauf verlassen können, dass ich vor anderen gut über ihn rede. Er soll wissen, dass er sich keine Sorgen zu machen braucht, ob ich vor anderen zu ihm stehe, und dass er mir vertrauen kann.

Das Herz meines Mannes gehört mir. Es liegt in meinen Händen und ich sollte nicht achtlos oder leichtfertig damit umgehen.

Er muss wissen, dass sein Herz bei mir sicher ist.

Manchmal vergessen wir als Ehefrauen, dass wir sein Herz in der Hand haben. Wir haben das unbeschreibliche Privileg, dass wir zu ihm stehen dürfen – in der Öffentlichkeit und auch im Privaten. Das sollten wir ernstnehmen.

Geben Sie also ruhig ein wenig mit Ihrem Mann an. Rufen Sie es laut hinaus, dass Sie sein größter Fan sind. Loben Sie seine Stärken und Gaben.

Sagen Sie ihm, dass er sich darauf verlassen kann, dass Sie positiv über ihn reden.

Immer.

DANKE, DASS DU MICH TRÖSTEST, WENN ICH TRAURIG BIN.

Meine liebe Freundin Karen ist im letzten Sommer gestorben. Sie hat zwei Jahre mit ihrer Krebserkrankung gekämpft, und zunächst hatte es ganz gut für sie ausgesehen, aber dann war sie im Schlaf gestorben. Eigentlich war es nicht völlig überraschend gewesen. Ich hatte gewusst, dass sie Krebs im Endstadium hatte, aber nichts kann einen wirklich darauf vorbereiten, eine lebenslange Freundin zu verlieren. Ich weinte drei Tage fast ununterbrochen.

Matt hat mich nicht aufgefordert, mich zusammenzureißen und nach vorne zu blicken. Er legte einfach nur schweigend seinen Arm um mich, während ich schluchzte. Er gab mir Raum für meine Trauer und nahm mir so viel Arbeit wie möglich ab, damit ich Zeit für meine Tränen hatte. Außerdem fuhr er mich drei Stunden über einen Bergpass, damit ich an ihrer Trauerfeier teilnehmen konnte, und dann wieder drei Stunden zurück – am selben Tag. Ich werde nie vergessen, wie rücksichtsvoll er in dieser Zeit meiner Trauer war.

Nicht jeder Mann weiß, was er tun oder sagen soll, wenn das Herz seiner Frau blutet. Trotzdem, da bin ich mir sicher, tut Ihr Mann sein Möglichstes, um für Sie da zu sein. Vielleicht hört er zu, wenn Sie ihm Ihr Herz ausschütten, oder er reicht Ihnen schweigend ein Taschentuch, damit Sie Ihre Tränen trocknen können. Möglicherweise legt er den Arm um Sie und hält Sie ganz fest, während Sie weinen. Solche Gesten sind ein spürbarer Trost. Danken Sie ihm für sein Mitgefühl in Momenten, in denen Sie traurig sind.

DEINE KLEINEN OPFER
SIND EIN LIEBESGESCHENK FÜR MICH UND UNSERE FAMILIE.

„Danke, dass du Mama so sehr liebst und uns vorlebst, wie ein Mann seine Frau lieben sollte."

Das hat eine unserer älteren Töchter zu ihrem Vater gesagt, als wir als Familie zusammengekommen waren, um seinen Geburtstag zu feiern.

Unser jüngster Sohn schrieb auf seine Glückwunschkarte: „Du bist freundlich und großzügig. Du baust Menschen auf, und putzt sie nie herunter. Es ist so schön, wie du auf mich eingehst und wie sehr du dich um mich und andere Menschen kümmerst."

Die Worte eines anderen Sohnes lauteten: „Ich achte dich und ich will so sein wie du. Ich blicke zu dir auf, und ich möchte ebenfalls ein gutes Vorbild sein. Ich hoffe, dass unser Kontakt zueinander niemals abreißen wird. "

Ich dachte an die vielen kleinen Opfer, die Matt bringt, wenn er glaubt, niemand würde etwas merken: früh am Morgen, spät am Abend, viele selbstlose Taten.

Diese Liebesopfer entgehen unseren Kindern nicht, und sie bleiben nicht ohne Folgen.

Ihr Mann meint vielleicht, niemand würde seine selbstlosen Opfer bemerken, aber Sie sehen sie. Mit der Zeit nehmen auch andere sie wahr. Warten Sie nicht zu lange. Ermutigen Sie ihn noch heute!

ICH WILL IMMER BEREIT SEIN, DIR ZUZUSTIMMEN.

Wir waren unterschiedlicher Meinung, welche Verabredung wir einhalten sollten. Ich hatte zugesagt, dass wir an einem wichtigen Essen teilnehmen würden, da mir nicht bewusst gewesen war, dass Matt bereits zugesagt hatte, sich am selben Abend mit alten Freunden zum Grillen zu treffen.

Als uns das bewusst wurde, gab es eine lange Diskussion. Für ihn ging es darum, sein Wort zu halten, das er seinen langjährigen Freunden gegeben hatte, und ihnen seine Loyalität zu zeigen.

Für mich lag die Antwort auf der Hand: Meiner Meinung nach sollten wir zu dem wichtigen Essen gehen und uns ein anderes Mal mit unseren alten Freunden treffen.

Er hörte sich meine Argumente an und wir einigten uns darauf, darüber zu beten. Also betete ich und zwar, dass er seine Meinung ändern und mir beipflichten würde.

Als wir ein paar Tage später einen Abendspaziergang machten, erklärte er mir in aller Ruhe, dass er wirklich glaube, dass wir die Essenseinladung absagen und stattdessen zum Grillfest unserer Freunde gehen sollten. Ich spürte, dass er sich auf einen vehementen Widerspruch von meiner Seite einstellte.

Zu unserer beider Überraschung antwortete ich nur ruhig: „Ja, okay."

Als ich ihn anschaute, sah ich, dass ihn meine Antwort ehrlich bewegte. Er wusste, wie schwer es mir fiel, dieses einfache Ja zu sagen.

Man könnte sagen, dass das für mich ein Wendepunkt war. An diesem Abend beschloss ich, dass ich ihm in Zukunft schneller zustimmen will. Dass ich nicht mehr so fest an *meinen* eigenen Ideen und an *meinen* Wünschen festhalten will, nur um Recht zu behalten. Ich will mich wirklich bemühen, ihm öfter einfach zuzustimmen.

Und wie ist es bei Ihnen? Sagen Sie bereitwillig Ja?

ICH WILL AUF DEINE GEFÜHLE RÜCKSICHT NEHMEN.

Mein Mann hat neulich etwas gesagt, das mich nachdenklich machte. Es war etwas, das ich zwar wusste, aber irgendwie hatte ich es wieder vergessen.

„Ihr Frauen, manchmal könnte man meinen, ihr wüsstet nicht, dass Männer auch Gefühle haben. Ihr vergesst anscheinend, dass wir wie ihr ein verletzliches Herz haben. Das hängt nicht davon ab, ob man ein Mann oder eine Frau ist. Jeder *Mensch* hat ein verwundbares Herz."

Er sprach dabei von keiner bestimmten Frau, aber die Traurigkeit in seiner Stimme machte mir bewusst, dass ich das auch hin und wieder vergessen hatte – wahrscheinlich vor gar nicht allzu langer Zeit.

Also legte ich meine Arme um ihn und bekannte: „Du hast recht. Das vergesse ich manchmal."

Er wirkt einfach so stark und scheint es mit allem, was auf ihn einprasselt, aufnehmen zu können – unerschütterlich und klaglos.

Er erklärte mir, dass er gegenüber anderen vielleicht eine harte Schale hat, aber nicht mir gegenüber. Ich kann Dinge sagen oder tun, die sein Herz tief berühren – anders als jeder andere Mensch. Das führte mir erneut vor Augen, dass ich rücksichtsvoller mit seinen Gefühlen umgehen muss und nicht einfach davon ausgehen darf, dass er das *schon verkraftet*. Vielleicht müssen auch Sie sich das wieder ganz neu bewusst machen.

Ihr Mann ist ein *Mensch*. Er hat ein Herz und Gefühle. Er braucht Ihre Freundlichkeit und Barmherzigkeit genauso wie jeder andere, vielleicht sogar viel mehr als andere.

DU BIST EIN TOLLES FAMILIENOBERHAUPT.

Die meisten Männer haben den Wunsch, ein gutes Familienoberhaupt zu sein, doch dann fangen sie irgendwann an, sich zu hinterfragen, oder sie sind unsicher, wie sie diese Position gestalten und wo sie anfangen sollen.

Es ist nicht leicht, andere Menschen zu leiten. Ihr Mann gibt es vielleicht nicht zu – vor Ihnen nicht und möglicherweise nicht einmal vor sich selbst –, aber er spürt die Last dieser Verantwortung, die ihm Gott auferlegt hat. Sie als seine Frau spielen dabei eine entscheidende Rolle: Sie können ihn in seiner Führungsrolle ermutigen oder Sie können ihn entmutigen.

Vielleicht haben Sie eine sehr klare Vorstellung davon, wie seine Rolle als Familienoberhaupt aussehen soll, und bezweifeln, ob Ihr Mann dieser Aufgabe gewachsen ist. Vielleicht liest er mit Ihrer Familie nicht in der Bibel und betet nicht jeden Abend mit Ihnen. Möglicherweise kommt er immer erst spät von der Arbeit nach Hause und überlässt Ihnen den Alltag mit den Kindern allein.

Aber das heißt nicht, dass er nicht das Familienoberhaupt ist. Jeder Mensch hat eine andere Art, diese Position zu gestalten. Nehmen Sie sich deshalb ein wenig Zeit und erkennen Sie den persönlichen *Führungsstil* Ihres Mannes. Denken Sie über seine Stärken nach und überlegen Sie, wie Sie ihn konkret unterstützen können.

Er ist wahrscheinlich viel eher bereit, seine Rolle als Familienoberhaupt zu übernehmen, wenn Sie ihn dazu ermutigen.

ICH BIN DANKBAR,
DASS DU ANDERS BIST ALS ICH.

Statt genervt zu sein, weil er so ruhig oder laut, so entspannt oder gestresst ist, sollten Sie beschließen, dankbar zu sein, dass Gott Ihren Mann so geschaffen hat, wie er ist. Ich habe die Wahl: Rege ich mich darüber auf, dass mein Mann mit seinen spontanen Projekten meine Pläne über den Haufen wirft, oder bin ich dankbar, dass er mit seinen wilden Ideen so viel Abwechslung in unser Leben bringt? Die zweite Reaktion macht das Leben für uns alle viel angenehmer.

Sehen Sie Ihre Verschiedenheit nicht als Problem, das gelöst werden muss, sondern erkennen Sie, wie viel besser es ist, dass Sie nicht vollkommen gleich sind, sondern dass jeder von Ihnen etwas Besonderes in Ihre Ehe einbringt. Erklären Sie ihm, dass Sie für diese Unterschiede wirklich dankbar sind.

DU BIST UNSERER TOCHTER EIN WUNDERBARER VATER.

Unsere Tochter hatte einen Traum. Sie konnte es so deutlich vor sich sehen, als wäre er bereits wahr geworden. In ihrem Traum gaben sie und ihre Freundin in langen Abendkleidern vor einem vollbesetzten Haus ein klassisches Flöten- und Harfenkonzert.

Warum auch nicht?

Mir fielen mehrere gute Gründe ein, die dagegen sprachen. Zum Beispiel, dass sie erst 13 war. Nicht so ihr Vater! Er konnte und wollte nicht zulassen, dass sie irgendetwas von der Verwirklichung dieses Traums abhielt. Er hatte vollstes Vertrauen, dass sie das schaffen konnte, und bestätigte sie darin.

Also suchten sie zusammen einen Termin und einen Ort für dieses Konzert aus. Er fuhr sie zu Proben und gab ihr Ratschläge, wenn sie ihn darum bat. Es war ihr Konzert, und er sah seine Hauptaufgabe darin, sie zu unterstützen.

Schließlich kam der Konzertabend. Ich glaube, ich war nervöser als die jungen Musikerinnen, während die Leute in den Saal strömten, bis der letzte Platz besetzt war. Die Mädchen spielten wunderbar und bekamen am Ende stehende Ovationen.

Der Traum unserer Tochter war wahr geworden, weil sie einen Vater hat, der an sie glaubt und hinter ihr steht. Etwas Wunderbareres kann es für das Leben eines Mädchens kaum geben!

Vielleicht hat Ihre Tochter andere Träume und Ihr Mann geht freundlich und einfühlsam auf sie ein. Danken Sie ihm, dass er Ihrer Tochter ein wunderbarer Vater ist.

75

DU BIST UNSEREM SOHN EIN FANTASTISCHER VATER.

Es lief fast jeden Abend gleich ab: Matt kam von der Arbeit nach Hause. Er gab mir einen schnellen Kuss und zog bequemere Kleidung an. Dann krabbelte er auf Händen und Knien durchs Wohnzimmer und spielte mit unserem ältesten Sohn, der damals ungefähr drei war, *König der Löwen*. Ich kann nicht behaupten, dass ich ganz verstanden habe, worum es bei dem Spiel ging, aber offenbar musste man dabei laut brüllen, miteinander ringen und Wasser aus Plastikschüsseln trinken.

Dieser Sohn ist jetzt über 20 Jahre alt und ein kluger junger Mann, der in Washington, D. C. seinen Weg geht. Er ruft seinen Vater immer noch ein- oder zweimal in der Woche an. Sie sprechen über berufliche Chancen, aktuelle Ereignisse oder Bücher, die sie lesen. Er erinnert sich gerne an jene Tage als König der Löwen zurück, denn sie waren für ihn mehr als nur ein lustiges Spiel. Tief in seinem Kinderherzen hat er damals verstanden, dass er einen Vater hat, der lieber mit ihm spielt, als irgendetwas anderes zu machen.

Ich muss zugeben, dass es für mich damals wichtiger war, das Essen zu kochen, während die beiden um die Wette brüllten. Ich glaube, ich habe sein Opfer damals nicht richtig gewürdigt. Mein Mann hätte sich wahrscheinlich nach einem langen Arbeitstag lieber ausgeruht, Nachrichten gesehen oder sich zu einem Nickerchen auf die Couch gelegt. Aber stattdessen schlürfte er Wasser aus einer Schüssel, während ein kleiner Junge auf seinem Rücken saß und fröhlich lachte. Er war ein faszinierender Vater, und seine Kinder sind sich einig, dass er das immer noch ist.

Vielleicht ist Ihr Sohn noch zu jung, um seinem Vater zu sagen, wie wichtig er ihm ist, aber Sie können es Ihrem Mann sagen. Er freut sich bestimmt darüber.

DU BIST UNSEREN KINDERN EIN GUTES VORBILD.

Ihr Mann ist wahrscheinlich keine Berühmtheit und kein Popstar. Er ist auch kein bekannter Youtuber oder Hollywoodschauspieler und keine Sportlegende. Er ist einfach ein Mann, der am Morgen aufsteht, fleißig arbeitet und jeden Tag tausend richtige Entscheidungen trifft – nichts Aufregendes und nichts Lautes. Er führt ein ehrliches, anständiges Leben.

Ist es für Ihre Kinder nicht ein Segen, dass sie in dieser gefallenen Welt, in der wir leben, zu einem so tollen Mann aufblicken können?

Ihr Mann hat vielleicht das Gefühl, dass er mit all den Stars da draußen kaum mithalten kann, aber das muss er gar nicht. Er ist der Vater Ihrer Kinder. Eine einflussreichere Position kann ein Mann im Leben eines Kindes kaum haben. Danken Sie ihm, dass er Ihrer Familie ein so gutes Vorbild ist.

77

DU BIST MEIN BESCHÜTZER.

Vielleicht klingt es ein wenig altmodisch, aber die aktuelle Kultur ändert nichts an dem tief verwurzelten Wunsch eines Mannes, seine Frau und seine Familie zu beschützen. Tief in seinem Herzen möchte er sich um seine Familie kümmern und sie beschützen. Wenn Sie seine Rolle als Beschützer anerkennen, macht Sie das keineswegs hilflos oder schwach; aber ihn macht es stark.

Sagen Sie ihm, wie dankbar Sie ihm sind, dass er Sie beschützt, dass er Sie nicht nur körperlich, sondern auch emotional und sozial beschützt. Er schließt nicht nur nachts die Türen ab, er verteidigt Sie auch vor Menschen, die Ihnen auf andere Weise schaden wollen. Vielleicht haben Sie eine *Freundin*, die gar keine so gute Freundin ist. Oder vielleicht haben Sie unangenehme Verwandte, die nur Ärger machen. Lassen Sie sich auch in solchen Situationen von ihm beschützen.

Seien Sie Ihrem Beschützer dankbar. So jemanden hat nicht jeder.

ICH STÜTZE MICH AUF DICH.

Es klingt aus dem Mund einer selbstständigen Frau von heute vielleicht sonderbar, aber so kompetent wir Frauen auch sind, bin ich doch dankbar, dass ich einen Mann habe, auf den ich mich verlassen kann. Er ist der Erste, den ich anrufe, wenn es einen Notfall oder ein Problem gibt. Er hat Mäuse in der Speisekammer gefangen. Er hat den Boden geputzt, als unsere Toilette verstopft war. Er hat den Nachbarn beruhigt, der völlig den Kopf verloren hatte. Und er hat mich in den Armen gehalten, als ich mir nach einem schmerzlichen Verlust die Augen ausweinte.

Es ist nicht falsch, wenn Sie sich auf Ihren Mann stützen. Ich würde sogar sagen, es ist das Beste, was Sie tun können.

ES IST GUT ZU WISSEN,
DASS DU FÜR MICH BETEST.

Mich erwartete ein anstrengender Tag, und das wusste mein Mann. Ich hatte in der Nacht nicht gut geschlafen, und mein Terminkalender quoll über, deshalb war ich schon kaputt, bevor der Tag überhaupt richtig begonnen hatte.

Zu meiner Überraschung gestaltete sich der Tag jedoch nicht so schlimm, wie ich befürchtet hatte. Ja, ich war müde und hatte mehr zu tun als sonst, aber irgendwie lief alles gut.

Als mein Mann am Abend nach Hause kam, erzählte ich ihm, dass mein Tag erstaunlich gut gelaufen war.

Er lächelte nur und sagte: „Gut. Ich habe für dich gebetet."

Das erklärte alles, und ich hätte es mir eigentlich denken können! Ich hatte diese Gebete spüren können, aber mir war nicht bewusst gewesen, dass ich sie ihm verdankte.

Was für ein Segen ist es doch, mit einem Mann verheiratet zu sein, der seine Frau im Gebet vor Gott bringt!

FÜR DICH HABE ICH IMMER ZEIT.

Neulich hatte ich einen vollen Tag, an dem ich das Gefühl hatte hinterherzuhinken, bevor der Tag überhaupt richtig angefangen hatte. Um nicht den Überblick zu verlieren, begann ich alles aufzuschreiben, was ich tun musste. Glauben Sie mir, es war eine lange Liste.

Dann schrieb mir mein Mann eine SMS: „Was hältst du von einem Spaziergang im Park mit Händchen halten am Fluss? Und stell dich auf zwei oder drei Küsse ein." Im Ernst. Das ist ein wörtliches Zitat.

Können Sie sich vorstellen, dass ich beinahe Nein gesagt hätte? Dass ich ihm beinahe geantwortet hätte, es sei verrückt, den Nachmittag zu vertrödeln, wenn wir beide so viel zu tun haben? Gott sei Dank kam ich rechtzeitig zur Vernunft und begriff, dass wir zu viel zu tun hatten, um diese Zeit *nicht* miteinander zu verbringen.

Wie leicht verfallen wir in das Denken, es wäre wichtiger, die dringenden Dinge zu erledigen: Arbeit, Leistung, Zielerfüllung.

Ich konnte an diesem Tag nicht viele Punkte auf meiner Liste abhaken – nur ein Essen in unserem Lieblingsrestaurant, einen gemütlichen Spaziergang im *Drake Park* und unterwegs zwei bis drei Küsse. Das war doch keine schlechte Art, diesen Tag zu verbringen.

Wenn Sie im Ich-weiß-nicht-wie-ich-das-alles-schaffen-soll-Modus sind, sollten Sie vielleicht Ihre Arbeit unterbrechen und lieber den Nachmittag im Park verbringen. Schnappen Sie sich Ihren Mann und erledigen Sie nichts. Gehen Sie einfach spazieren, reden und träumen Sie miteinander. Ich kann mir keine bessere Art vorstellen, die Zeit zu verbringen.

81

TRIFF DU DIE ENTSCHEIDUNG.

Es ist wirklich albern, worüber man sich in die Haare kriegen kann. Er will Tacos, und Sie wollen Sushi, und plötzlich ist das gemeinsame Essen ein Thema, das man ausdiskutieren muss. Ich will damit nicht sagen, dass Sie immer nachgeben oder Ihre Wünsche nie äußern sollten. Aber ich glaube, uns ist es viel zu wichtig, unseren eigenen Standpunkt durchzusetzen. Das ist oft unnötig und auch nicht gut.

Es ist doch sehr angenehm, mit einem Menschen zusammen zu sein, der nicht ständig widerspricht. Ich habe einige Freundinnen, die so sind. Mit ihnen kommt man einfach gut aus, und weil das so ist, möchte ich auch so sein. Und Sie?

Dann können Sie Ihrem Mann doch beim nächsten Mal gleich sagen, dass Sie mit seiner Wahl einverstanden sind, egal was er aussucht.

ICH SEHE, DASS DU DEINEN GLAUBEN LEBST.

Man muss meinen Mann nicht lange kennen, um zu merken, dass an ihm etwas anders ist. Es ist nicht so, dass er laut predigen oder in jeder Situation einen Bibelvers zitieren würde. Er ist einfach ein Mann, der Gott nachfolgt und sich dadurch von dieser Welt unterscheidet. Ein Mann, der unübersehbar eine höhere Berufung hat.

Er ist ein Mann, der gerecht handelt, der Freundlichkeit liebt und der demütig und ohne viel Aufhebens mit seinem Gott lebt.

Wenn Sie mit einem Mann verheiratet sind, der Jesus liebt und ihm nachfolgt, sollten Sie ihm bewusst machen, dass Sie das sehr wohl merken.

ICH VERGEBE DIR.

Früher hat mir mein Mann attestiert, dass ich nur langsam vergebe. Das stimmte. Ich ließ Verletzungen nicht gleich los und hielt oft sehr lange daran fest.

Deshalb fragte er mich: „Warum vergeudest du mit diesem Groll so viel Zeit, die wir miteinander genießen könnten?“

Ich konnte mir nicht erklären, warum ich so lange brauchte, meinen Groll loszulassen. Wahrscheinlich wollte ich nicht, dass er meinte, er *käme zu leicht davon*. Und bei diesem Verhalten blieben wir beide auf der Strecke.

Je älter wir werden, umso mehr begreife ich, wie kostbar das Leben ist, das wir miteinander haben, und dass wir nicht wissen, was die Zukunft bringt. Deshalb möchte ich keine Minute damit vergeuden, an einer Verletzung festzuhalten, obwohl sie längst geklärt ist.

Wenn Sie wie ich langsam vergeben, sollten Sie vielleicht auch bedenken, wie viel Zeit Sie dadurch vergeuden und welche schönen Momente mit anderen Menschen Sie deshalb versäumen. Vergessen Sie nicht, dass Ihnen selbst sehr viel vergeben wurde (siehe Epheserbrief 4,32).

Versöhnen Sie sich jetzt. Sie werden es nicht bereuen.

DU UND ICH SIND EINS.

Mein Mann erinnert mich manchmal: „Du und ich sind im inneren Kreis. Alle anderen sehen von draußen hinein."

Dieses Bild soll verdeutlichen, dass wir unsere Einheit schützen und niemandem – auch nicht unserer Familie oder Freunden – erlauben, uns auseinanderzubringen. Als Einheit zusammenzustehen kann schon herausfordernd genug sein, ohne dass auch noch andere Menschen versuchen, einen Keil zwischen uns zu treiben.

Lassen Sie Ihren Mann unumstößlich wissen, dass Sie zu ihm stehen, und dass niemand und nichts zwischen Sie beide treten kann. Sie halten unzertrennlich zusammen.

DIE GEFÜHLE UNSERER KINDER SIND DIR SEHR WICHTIG.

Unsere jüngste Tochter Avonlea kann nicht gehen und ist an den Rollstuhl gefesselt. Sie ist inzwischen 18 Jahre alt, aber in vielem noch wie ein Kind. Ein Mädchen im Körper einer Frau.

Avonlea freut sich für andere in ihrem Alter, die Dinge tun können, die sie selbst nicht kann, wie laufen, Sport treiben oder tanzen.

Nun ist es so, dass unsere ganze Familie gerne tanzt. Hin und wieder tanzen wir Swing und schwingen abwechselnd das Tanzbein. An einem solchen Abend schien niemand das junge Mädchen, unser liebes Mädchen, zu beachten, das uns mit einer tiefen Sehnsucht in den Augen beim Tanzen zusah. Aber meinem Mann entging ihr wehmütiger Blick nicht. Er konnte sehen, wie sich ihr Herz danach sehnte, genauso wie die anderen jungen Leute zu tanzen.

Also ging er zu ihr, hob sie mit Schwung aus ihrem Rollstuhl, trug sie auf die Tanzfläche und wirbelte sie in seinen Armen herum. Sie kicherte vor Freude, und wir anderen schauten den beiden gerührt zu.

Wenn Sie mit einem einfühlsamen Mann verheiratet sind, der die Gefühle Ihrer Kinder sieht und auf sie eingeht, sollten Sie ihm für dieses kostbare Geschenk, das er Ihrer ganzen Familie macht, danken.

DU GEHST SO VERANTWORTUNGSVOLL MIT UNSEREN FINANZEN UM.

Geht Ihr Mann gut mit Ihrem Geld um? Macht er einen Haushaltsplan, erwirtschaftet ein regelmäßiges Gehalt, legt Sparkonten an und macht Rücklagen für das Studium der Kinder? Vielleicht ist er auch einfach nur sparsam mit Ihrem gemeinsamen Geld. Das ist ein großes Geschenk.

Vor einiger Zeit erfuhr ich, dass mein Mann jeden Monat Geld auf ein separates Bankkonto einzahlt. Er nennt es *Lisas Konto*. Das ist ein Notfallkonto für den Fall, dass ihm etwas zustößt. Dort hat er eine kleine Summe angespart, die mir über die Runden helfen soll, falls das jemals nötig sein sollte. Obwohl ich von ganzem Herzen hoffe, dass ich dieses Geld niemals brauchen werde, bin ich ihm so dankbar, dass er auf diese Weise für mich vorsorgt.

Finanzen sind in vielen Ehen ein großer Stressfaktor. Wenn Ihr Mann sorgfältig darauf achtet, wohin Ihr Geld geht, sollten Sie ihm versichern, was für ein Segen es ist, mit einem Mann verheiratet zu sein, der so verantwortungsvoll mit Geld umgeht.

DU ERMUTIGST MICH,
WENN ICH ES BRAUCHE.

Fühlen Sie sich manchmal ein wenig ausgelaugt? Vielleicht hatten Sie eine schwere Woche oder Sie erleben gerade eine herausfordernde Zeit. Vielleicht sind Sie auch nur übermüdet oder nichts scheint zu klappen.

Und dann kommt er. Er spürt, dass Sie eine Tasse Tee brauchen oder ein mitfühlendes Ohr oder sogar beides.

Vielleicht haben Sie sich in letzter Zeit ein bisschen zu ernst genommen, und er neckt sie deshalb ein wenig und hellt damit Ihre Stimmung auf. Möglicherweise weist er auch in einer liebevollen Erinnerung sanft auf den vielen Segen in Ihrem Leben hin, den Sie im Augenblick vergessen haben.

Es ist ein unbezahlbares Geschenk, wenn Sie mit einem Mann verheiratet sind, der weiß, wie er Sie im richtigen Moment aufmuntern kann. Danken Sie ihm dafür.

DANKE, DASS DU DICH UM MICH KÜMMERST, WENN ICH KRANK BIN.

Ich weiß nicht, wie es bei Ihnen ist, aber wenn ich krank werde, verkrieche ich mich am liebsten in meinem Zimmer. Ich brauche dann nicht viel – eigentlich nur Ruhe, damit ich wieder zu Kräften kommen kann.

Gleichzeitig freut es mich, wenn ich weiß, dass sich jemand um mich kümmert, wenn ich krank bin. Noch wichtiger ist mir, dass sich *mein Mann* um mich kümmert. Deshalb steckt Matt hin und wieder den Kopf in unser Zimmer, um nachzusehen, ob es mir schon wieder besser geht. Oder er bringt mir eine Tasse Tee oder einen Teller Hühnerbrühe. Ich brauche dann zwar keine Vollzeitpflege, aber es ist wunderbar, jemanden zu haben, der sich um mich kümmert.

Wie ist es bei Ihrem Mann? Kümmert er sich *in Krankheit und in Gesundheit* um Sie? Dann haben Sie einen guten Mann. Dafür sollten Sie ihm unbedingt danken.

DU STEHST FÜR DEINE ÜBERZEUGUNGEN EIN.

Sind Sie mit einem Mann verheiratet, der für das einsteht, was richtig ist, und der bei der Wahrheit keine Kompromisse eingeht? Was für ein Segen! Unsere Welt könnte viel mehr solche Männer gebrauchen, die ehrlich und anständig sind.

Wenn Sie einen Mann haben, der für die Wahrheit einsteht, haben Sie einen ganz besonderen Mann an Ihrer Seite. Erklären Sie ihm, wie sehr Sie ihn dafür bewundern, dass er für das einsteht, was richtig und gut ist.

90

DANKE, DASS DU MIR TREU BIST.

Wir leben in einer Welt, in der Treue selten ist. Treue wird weithin fast als unmöglich und unrealistisch betrachtet, und dennoch sind Sie mit einem Mann verheiratet, der Ihnen treu ist. Er sucht nicht die Aufmerksamkeit einer anderen Frau, und Sie können darauf vertrauen, dass er nur Augen für Sie hat.

Vielleicht gab es einmal eine Zeit, in der er auf diesem Gebiet gekämpft hat, aber das ist vorbei. Seien Sie dankbar, dass diese alten Verletzungen hinter Ihnen liegen. Genießen Sie den Segen, einen Mann zu haben, der Ihnen treu ist – Ihnen allein.

Lassen Sie ihn wissen, wie dankbar Sie ihm sind, dass er Ihnen treu ist.

MIT DIR ZUSAMMENZUARBEITEN MACHT SPASS.

Plötzlich hatten wir 200 Hühner! Ich kann mir nicht erklären, was sich mein Mann dabei gedacht hat. Zwar hatte ich zugestimmt, dass es nett wäre, einige Hühner zu halten und sie später für den Winter zu schlachten, aber ich verstehe nicht, wie es so viele Hühner werden konnten.

Alles Jammern half nichts: An einem kalten Herbsttag war es so weit. Da waren ein Mann vom Land, eine Frau aus der Stadt, acht Kinder und 200 Hühner, die geschlachtet und in der Gefriertruhe verstaut werden mussten.

Wir waren wirklich ein gutes Team. Matt und die Kinder erledigten den größten Teil der unangenehmen Arbeit draußen in der Garage, während ich in der Küche damit beschäftigt war, alles kleinzuschneiden und einzutüten. Es war definitiv ein langer Tag, aber wir waren alle sehr zufrieden, als wir die vielen Hühner in der Tiefkühltruhe betrachteten. Ich bezweifle, ob ich so etwas je wiederholen möchte, aber ich muss zugeben, dass uns dieser Tag noch mehr zusammengeschweißt hat.

Arbeiten Sie gerne mit Ihrem Mann zusammen? Bilden Sie beide ein unschlagbares Team? Dann haben Sie etwas sehr Wertvolles. Das hört Ihr Mann sicher gern.

ICH FINDE TOLL, WIE DU UNSERE KINDER ERZIEHST.

Seien Sie nicht überrascht, wenn Ihr Mann nur sieht, wo er als Vater Fehler macht oder meint, Ihren Ansprüchen nicht zu genügen. Sobald Sie das merken, sollten Sie ihn auf die vielen Dinge verweisen, die er richtig macht. Er hat zwar vielleicht einen anderen Erziehungsstil als Sie, aber zollen Sie ihm dafür Anerkennung, dass er die Kinder so behandelt, wie sie es brauchen.

Ich neige zum Beispiel dazu, viel zu mitfühlend zu sein und unsere Kinder zu entschuldigen, aber mein Mann scheut sich nicht, sie zur Verantwortung zu ziehen oder sie aufzufordern, ihr Verhalten zu ändern. Jetzt, da unsere Kinder älter sind und auf eigenen Füßen stehen, sind sie ihrem Vater sehr dankbar, dass er sie als Kinder und Jugendliche aufgefordert hat, sich mehr anzustrengen und mehr an sich zu arbeiten. Damit hat er ihnen ein großes Geschenk gemacht.

Ihr Mann hat als Vater viel zu bieten, dafür sollten Sie ihn unbedingt loben.

ES IST SCHÖN, MIT DIR GEMEINSAM GOTT ZU DIENEN.

Mein Mann hatte eine Vision, die besonders ihm deutlich vor Augen war. Er wollte eine Gemeinde gründen, aber seine Vorstellung von Gemeinde unterschied sich ein wenig von den Gemeinden, die wir bis dahin kannten. Er wünschte sich eine Hausgemeinde, in der sich eine kleine Gruppe von Gläubigen zu Hause und nicht in einem eigenen Kirchengebäude trifft. Ähnlich wie die Gemeinden in der Apostelgeschichte.

Schließlich wurde er Pastor unserer kleinen Gemeinschaft, und ich wurde die Frau des Pastors. Auf diese Weise dienten wir zusammen Gott. Keiner von uns hatte das bei unserer Hochzeit vorhergesehen, aber Gott hatte es gewusst.

Wer hätte gedacht, dass ein so großer Segen entsteht, wenn ein Ehepaar Gott gemeinsam dient? Man muss jedoch nicht mit einem Pastor verheiratet sein, um einen solchen Segen zu erfahren. Vielleicht leiten Sie den Kindergottesdienst, verteilen Essen an Obdachlose oder Sie setzen sich ehrenamtlich für die Jugendlichen in Ihrer Stadt ein. Was auch immer Sie tun, ein gemeinsamer Dienst für Gott ist eine wunderbare Gelegenheit, die Sie sich nicht entgehen lassen sollten.

DU BIST SO ERFOLGREICH.

Versager! Ich glaubte, dieses Wort aus dem Mund des Mannes meiner Freundin zu hören. Doch ich musste mich verhört haben, denn dieser Mann war alles andere als ein Versager. Er war erfolgreicher Finanzvorstand einer großen Firma, Diakon in seiner Gemeinde und Vater von drei wunderbaren Kindern. Das ist nicht unbedingt die Definition von Versager, wenn Sie mich fragen.

Doch dann hörte ich es ihn noch einmal flüstern. „Ich bin ein solcher Versager."

Ich kannte nicht alle Details, die eine solche Aussage gerechtfertigt hätten, aber ein Grund, warum er sich als Versager fühlte, war bestimmt, dass seine Frau nie mit ihm zufrieden war. Sie forderte ihn immer wieder auf, in irgendeinem Bereich zu wachsen oder sich noch mehr zu verbessern. Sie betonte viel zu sehr die Punkte, die er nicht perfekt machte. Und das forderte seinen Tribut.

Dieses Erlebnis machte mich nachdenklich: Hat mein Mann das Gefühl, viel geschafft zu haben? Ist er überzeugt, dass er, auch wenn er vielleicht nicht perfekt ist, in meinen Augen erfolgreich ist?

Denn es fällt kaum ins Gewicht, wenn ihn die Leute *da draußen* als erfolgreichen Mann sehen, aber Sie ihm nicht deutlich zu verstehen geben, dass er es auch ist.

Machen Sie Ihrem Mann deshalb deutlich, dass er in Ihren Augen ein absolut erfolgreicher Mann ist.

DU BIST EIN GUTER SOHN.

Ich bin fast jeden Morgen, wenn ich aufwache, allein. Aber ich frage mich dann nicht, wo mein Mann ist, weil ich genau weiß, wo er sich aufhält. Er ist nebenan bei seinem Vater, kocht Kaffee für ihn und hilft ihm, in den Tag zu starten.

Sein Vater ist seit zwei Jahren sehr krank, und jeder Morgen ist für ihn ein Kampf. Deshalb ist Matt da und hilft ihm. Am Abend besucht er ihn wieder, spielt ein paar Runden Canasta mit ihm und sieht mit seinem Vater die Nachrichten an. Ein Ritual, das meinem Schwiegervater die Tage ein bisschen weniger einsam macht.

Zu beobachten, wie sich Matt um seine Eltern kümmert, zeigt mir eine Seite an ihm, die ich sonst nicht kennen würde. Es berührt mich zutiefst, wie liebevoll er sich um sie kümmert. Ihr Mann ist nicht nur Ihr Ehemann. Er ist auch der Sohn seiner Eltern, und das ist etwas Wunderbares.

ICH BIN FÜR UNSERE FREUNDSCHAFT SEHR DANKBAR.

Meinem Mann macht es Spaß, mich Fremden als seine Freundin vorzustellen. Dabei lässt er gerne unerwähnt, dass ich auch seit über 25 Jahren seine Frau bin und dass wir acht Kinder haben.

Er findet das lustig. Die anderen finden es süß. Und ich finde es ein wenig peinlich. Wenigstens ging es mir lange so.

Bis mir bewusst wurde, dass ich zwar froh bin, seine Frau zu sein, aber dass es ein ganz besonderes Geschenk ist, auch seine Freundin zu sein. Es tut gut, dass wir Freunde sind. Wir haben im Laufe der Jahre nicht nur eine gute Ehe aufgebaut, sondern auch eine starke Freundschaft. Dafür bin ich sehr dankbar.

Vielleicht sagt er es nicht so sehr mit Worten, aber Ihr Mann möchte sicher ebenso wie meiner, dass Sie beide Freunde sind. Das Leben eines Mannes kann einsam sein. Deshalb braucht er mehr als eine Frau; er braucht auch Freunde. Versichern Sie ihm, dass Sie die Freundin sind, die immer für ihn da sein wird.

97

ICH HALTE IMMER ZU DIR,
AUCH WENN ALLES ANDERE ZERBRICHT.

Vor einigen Jahren hätten wir beinahe unser Haus verloren. Jeder glaubt, so etwas würde ihm selbst nie passieren, aber bei uns lief eines nach dem anderen schief und der Immobilienmarkt brach ein. Dieser Einbruch hatte große Folgen für unsere finanzielle Situation, und es war so schlimm, dass die Bank anrief und dieses hässliche Wort äußerte, vor dem jedem graut: *Zwangsversteigerung*.

Matthew musste mir gegenüber dieses kurze Gespräch nicht wiederholen, nachdem er aufgelegt hatte. Ich konnte es an seinem Gesicht ablesen. Er sah aus, als würde er sich gleich übergeben.

Da ich immer auf Sicherheit bedacht bin, wurde auch mir definitiv übel. Aber ich wusste, dass es in diesem Moment nicht um mich ging. Es ging um ihn und darum, was er brauchte. Er musste hören, dass ich zu ihm halten würde – in Reichtum und in Armut. Daran erinnerte ich ihn.

Vielleicht haben auch Sie schwere Zeiten durchgemacht. Vielleicht stecken Sie immer noch mitten in einer schweren Situation. Sagen Sie Ihrem Mann unmissverständlich, dass Sie ihn nie im Stich lassen werden, dass Sie immer zu ihm stehen.

ICH WILL DICH NIE VERLIEREN.

Eine Minute lang glaubte ich, ich hätte meinen Mann verloren. Er war auf dem Eis ausgerutscht und hatte sich dabei den Kopf schwer angeschlagen. Ich wusste, dass etwas nicht stimmte, sobald er ins Haus kam. Der glasige Blick in seinen Augen und seine kreidebleiche Gesichtsfarbe. Erst später, als er medizinisch versorgt war, gestand ich ihm meine Ängste ein.

Ich musste an alles denken, was ich ihm nicht gesagt hatte. Und er erzählte mir: Als er dort auf dem Eis gelegen hatte, hatte er an alles denken müssen, was er noch nicht für mich getan hatte. (Wie kommt es nur, dass ich schmunzeln musste?)

Dieser Moment war für uns beide schmerzlich ernüchternd und zeigte uns, wie wichtig es ist, einander mehr Zuneigung und Dankbarkeit zu zeigen. Wir berührten einander mehr und spürten eine neue Leichtigkeit miteinander, denn uns war bewusst geworden, dass es knapp gewesen war und wie barmherzig Gott war.

Sie ahnen bestimmt schon, was ich jetzt sagen werde, nicht wahr? Ja. Warten Sie nicht, bis so etwas passiert. Warum wollen Sie überhaupt warten? Berühren Sie ihn noch heute, und sagen Sie ihm, dass Sie nie ohne ihn sein wollen.

WAS KANN ICH TUN,
UM DIR ZU ZEIGEN, DASS ICH DICH LIEBE?

Ich habe keine Ahnung, wie meine Freundin es erraten hat, aber irgendwann sagte sie aus heiterem Himmel: „Du packst immer den Koffer deines Mannes aus, nicht wahr?“

Es war mehr eine Feststellung als eine Frage. Fast ein Vorwurf, wenn sie nicht dabei gelacht hätte.

Was sollte ich antworten? Ich musste es zugeben: Ja, ich packe seinen Koffer für ihn aus.

Der Beruf meines Mannes bringt es mit sich, dass er hin und wieder verreist, und aus irgendeinem Grund hasst er es, seine Taschen auszupacken. Ich habe sehr früh gemerkt, dass er sich geliebt fühlt, wenn ich ihm diese lästige Arbeit abnehme. Für mich hingegen ist das keine große Sache, aber er empfindet es als Segen, dass ich sie ihm abnehme. Warum sollte ich es also nicht tun?

Fragen Sie Ihren Mann, was ihm das Gefühl gibt, geliebt zu werden. Und versprechen Sie ihm dann, dass Sie diese Dinge gerne für ihn erledigen.

100

DU BIST EIN
WUNDERBARER MANN.

Eigentlich sollten wir beide schlafen. Aber ich hörte ihn laut neben mir atmen. Es waren keine friedlichen, tiefen Atemzüge, sondern ein schweres, sorgenbeladenes Seufzen.

Deshalb fragte ich: „Was hast du, Schatz? Was beschäftigt dich?"

Er holte tief Luft und zählte auf, was er alles nicht gut genug machen würde: Dass er nicht genug Zeit mit seinen Söhnen verbrachte. Dass wir schon lange nicht mehr zusammen ausgegangen waren. Dass unsere Finanzen knapp waren. Dass die Spülmaschine noch nicht repariert war, das Auto neue Bremsen brauchte und etliches mehr.

Er lag in der Dunkelheit im Bett und zählte alle Punkte auf, bei denen er angeblich versagt hatte.

Daraufhin kuschelte ich mich enger an ihn und legte eine Hand auf seinen Mund. „Pst, sag so etwas nicht. Du bist ein guter Mann."

Dann zählte ich ihm meine Liste auf: Dass er kein einziges Basketballspiel unserer Söhne verpasste. Dass wir Anfang der Woche einen langen Spaziergang miteinander gemacht hatten. Dass wir darauf vertrauten, dass Gott uns auch weiterhin gut versorgte. Dass viele Menschen auf der Welt ohne Spülmaschine auskommen, und dass wir dankbar sein können, dass wir überhaupt ein Auto haben.

„Du bist ein guter Mann, und ich bin so dankbar, dass ich dich habe. Denk lieber darüber nach und schlaf gut!"

Blicken Sie Ihrem Mann in die Augen und sagen Sie ihm ohne Wenn und Aber: „Du bist ein guter Mann." Diese Worte sind für Ihren Mann sehr wichtig und geben ihm inneren Frieden.

MIX
Papier aus verantwortungsvollen Quellen
FSC® C014496

Die amerikanische Originalausgabe ist im Verlag
Revell a division of Baker Publishing Group PO Box 6287,
Grand Rapids, MI 49516-6287 erschienen
unter dem Titel „100 Words of Affirmation Your Husband Needs To Hear“.

1. Auflage 2021
Bestell-Nr. 817713
ISBN 978-3-95734-713-8

Umschlaggestaltung: Hanni Plato
Satz: Uhl + Massopust, Aalen
Übersetzung: Silvia Lutz
Druck und Verarbeitung: GGP Media GmbH, Pößneck
Printed in Germany
www.gerth.de